国家智库报告 2019（22）National Think Tank

社会·政法

小农户与现代农业发展有机衔接路径探究

苑鹏　崔红志　杨一介　曹斌　著

TOWARDS MODERN SMALL HOUSEHOLD FARMERS:
STUDY ON MECHANISM FOR ENCOURAGING TRADITIONAL
SMALL HOUSEHOLD FARMERS TO BECOME INVOLVED IN
MODERN AGRICULTURE

中国社会科学出版社

图书在版编目(CIP)数据

小农户与现代农业发展有机衔接路径探究 / 苑鹏等著 . —北京：
中国社会科学出版社，2019.11
（国家智库报告）
ISBN 978 - 7 - 5203 - 5520 - 9

Ⅰ.①小…　Ⅱ.①苑…　Ⅲ.①现代农业—农业发展—
研究—中国　Ⅳ.①F323

中国版本图书馆 CIP 数据核字（2019）第 232522 号

出 版 人	赵剑英	
项目统筹	王　茵	
责任编辑	喻　苗	
特约编辑	白天舒	
责任校对	刘　娟	
责任印制	李寡寡	

出　　版	中国社会科学出版社
社　　址	北京鼓楼西大街甲 158 号
邮　　编	100720
网　　址	http://www.csspw.cn
发 行 部	010 - 84083685
门 市 部	010 - 84029450
经　　销	新华书店及其他书店

印刷装订	北京君升印刷有限公司
版　　次	2019 年 11 月第 1 版
印　　次	2019 年 11 月第 1 次印刷

开　　本	787×1092　1/16
印　　张	9
插　　页	2
字　　数	90 千字
定　　价	49.00 元

凡购买中国社会科学出版社图书，如有质量问题请与本社营销中心联系调换
电话：010 - 84083683

摘要：小农户生产是中国农业生产经营的基本面。随着中国农业农村现代化进程的不断深入，中国小农户群体已经明显分化，在农业生产经营中，形成了以追求利润最大化的专业农户、追求家庭效用最大化的兼业生计型农户、以及满足家庭简单再生产需要为导向的生存型农户三种基本类型。促进小农户与现代农业有机衔接的重点是后两类小农户，本书重点研究兼业生计型农户向现代小农户的转型问题。

实现小农户与现代农业有机衔接，是我党总结新中国成立 70 年、尤其是改革开放 40 年的基本发展经验做出的重大战略部署，是中国特色农业农村现代化理论的最新发展，是对马克思主义小农改造理论的重大贡献，它回答了小农户与现代农业发展的关系是相容性关系、而不是对立性关系；小农户与现代农业生产有机衔接的核心要义是在坚持家庭承包经营基本制度的前提条件下，加速传统小农户向现代小农户的转型。家庭经营最适合农业的产业属性，它能够包容多层次的生产力水平；规模经营不排斥家庭经营，农业的规模经营有多种实现方式，包括农地的规模经营，也包括围绕农户家庭经营的服务规模化经营。中国"大国小农"的基本国情，决定了只有坚持以家庭承包经营为基础、构建新型农业经营体系，才能走出具有中国特色的现代农业发展之路；并且，只有加速以兼业生计型小农户为主体的家庭经营向着以专业化、集约化、社会化的现代农业家庭经营方式转型，才能提升我国农业的国际竞争力，实现农业农村的现代化和农村社会的全面进步。

为实现上述目标，本报告提出如下政策建议。第一，要继续深化农村土地制度改革，进一步巩固和完善农村基本经营制度。重点是加速农地的立法修法进程，从法律上进一步完善农户的土地权利体系，具体包括赋予农民土地承包经营权抵押、担保权能。目前修订后的《农村土地承包法》已经允许土地经营权抵押担保，还有必要对担保法、物权法中有关禁止性条款进行修改，使三部法律的规定保持一致；赋予家庭承包经营土地入股权，全面实现用益物权化；加速以土地经营权租赁为主的承包耕地产权市场交易机制；衔接落实好第二轮土地承包到期后再延长30年的政策。从目前农村普遍实施"生不增、死不减"，并被广大农户所认可、接受的现实出发，尽早明确在农村土地第二轮承包到期后采取直接延包30年、不再重新分配土地的基本政策，稳定广大承包农户的预期，在政策导向上弱化承包地的社会保障功能和财产分配功能，强化承包地的生产要素功能。同时，在那些人地矛盾突出、小农户生计主要依赖土地的个别村庄，允许二轮承包到期顺延时由集体经济组织全体成员共同决策，实行"一村（集体）一策"政策，切实保护少数以农业为生的少地、无地弱势小农户的合法权益。此外，从政策上，允许新型农业经营主体与农户签订跨越承包期的土地租赁或入股合同，为吸引社会资本投资农业，提升现代农业的技术装备与设施水平创造条件。

第二，加速新型经营主体创新步伐、赋予双层经营新内涵。一是提升农民合作社发展质量、有效发挥服务中介作用。以农业农村部合作社质量提升行动为契机，强化农民合作社独特的服务功能，提倡以农民合作社为重要服务平台，代表小农户利益与各种专业社会化服务组织或加工企业签订合同，促进小农户生产加速转型，融入现代农业轨道。二是继续大力培育家庭农场，通过吸引有志者创业农业和大力培养农村的乡土种田能手和专业农户，促进形成一大批资本—劳动双密集、有市场竞争力的新型经营主体。应强化土地退出与社会保障挂钩的机制设计，引导老龄兼业生计型小农户群体、及那些深度非农兼业化的小农户群体退出农业领域，防止农业副业化、农地无法有效利用、甚至被撂荒的现象。三是强化龙头企业的引领作用、大力发展订单农业。政府应积极顺应现代农业已经转向"有计划的订单农业"全球发展大趋势，在深化农业供给侧结构性改革，大力推进质量兴农、绿色兴农、品牌强农战略中，进一步鼓励社会资本下乡，壮大产业化龙头企业，推进外部资本、技术、市场、信息等现代要素引入农业的广度与深度，以龙头企业为核心，发展订单农业，带动更多的兼业生计型小农户向现代小农户转型。

第三，建立和完善面向小农户的农业社会化服务体系。应继续完善和不断创新土地托管、半托管、"连耕连种"等多种新型社会化服务方式，促进服务规模化。政府应当继续大力支持并鼓励社会资本进入、农村社会精英返乡创业、科研院所下乡创业等多种形式，围绕小农户的生产经营需求，发展农业产业链上的各类专业性的农业社会化服务组织，实现耕地的有效利用和生产方式的现代化。在保持农业生产经营主体地位的前提下，促进小农户生产与现代农业的深度融合。针对不同类型小农户的需求，引导发展多类型的社会化服务主体，形成以市场化服务组织为主，政府公共服务组织、市场专业化服务组织和农民自我服务组织相互补充、良性互动的合作机制。

第四，提升人力资本、加速小农户的非农化转移步伐。工业化国家的发展经验表明，受土地资源稀缺的限制，增加兼业小农户的福祉主要依赖于劳动力市场，而不是产品市场，中国也不例外。针对那些可能在劳动力市场获得就业机会的小农，应依托劳务中介组织，以市场需求方为导向，大力开展职业教育，提升小农的基本生产技能；对于留在农村的留守妇女与老人，应针对他们的特点，大力普及推广学用智能手机项目，打通小农户与外面世界的通道，让广大小农户低成本、方便快捷地获取所需的信息与知识，帮助小农户加速生产生活方式的现代化。

关键词：小农户；现代农业

Abstract: Small household farmer is the fundamental form of agricultural production organization in China. With the deepening of China's agricultural rural modernization, small household farmers have been obviously diversified. Currently small household farmers can be classified into the following three basic types: professional modern small household farmers in pursuit of profit maximization, non-agricultural-dominant sideline small household farmers in pursuit of the livelihood of family utility maximization, and existing small household farmers in pursuit of meeting the needs of the family simple reproduction. The latter two types of small farmer households are the key groups for governments to promote for becoming involved in modern agriculture. The book is focusing on the transformation from non-agricultural-dominant sideline small household farmers towards modern professonial small household farmers.

Summarizing the China's 70 years, especially the recent 40 years reform experience, CPC has made a strategy for promoting traditional small householder farmers' transformation and guiding them become the modern small farmers and become involved in modern agriculture. It is a significant contribution to Marxism theory on the small farmers transformation and it answers the relationship between smallhousehold farmers and modern agricultural development is the relationship of compatibility, rather than confrontation. The key point is to target at the small household farmers involvment in modern agricultural production under the premise of adhering to China's basic institution of rural household contract management system. Because farming at family level is the most suitable industrial attribute for agriculture, which can accommodate different levels of productivities. Scaling farming does not exclude family farming at small household farmers level. There are various ways to realize scale economics of agriculture, including both arable land production scale and professional agriculture services scale centering on small household farmers. It is decided that only by insisting on building a new agricultural management system based on small household farmers level can walk out of the road of modern agricultural development with Chinese characteristics. In addition, only by accelerating the transformation of non-agricultural and sideline small household farmers to a specialized and intensive modern agricultural family farm model, can the global competitiveness of China's agriculture be enhanced.

The implications of this study are as follows. First, continue to deepen the reform of rural arable land system, further consolidate and improve the basic rural householder farmers contract responsibility system, and focus on accelerating the legislative process. Besides, further improve the land rights system of rural household farmers from the legal perspective, including giving small householder farmers the right to guarantee mortgage of their contract arable land. The basic policy of not redistributing land after the second round of rural land contracting expires should be clarified as early as possible. As the practice of "no increase in births or decrease in deaths" is generally implemented in rural areas and accepted by the majority of rural household farmers, the basic policy of directly extending contract contracts for 30 years and not redistributing land after the second round of rural land contract expires should be clarified as soon as possible, so as to stabilize the expectations of the majority of contracted rural household farmers. And the policy orientation on arable land should have weakened the functions of social security and property distribution function and have strengthened the production factor function of land. At the same time, where there's the obvious contradiction in those small household farmers livelihoods depend on arable land. The government should allow them to adopt their own policy based on co-determination of all village members in the collective economic organization in order to effectively protect the landless or disadvantaged minority. Also, allow agricultural business bodies/farms across the original land contract terms to lease or take a stake in order to attract more social capital investment in agriculture and benefit for enhancing modern agricultural technology and equipment levels.

Second, speed up the pace of innovation of new business entities. Improve the development quality of farmer cooperatives and promote them to play an effective intermediary role and advocate farmers' cooperatives to sign contracts with various professional socialized service organizations or processing enterprises on behalf of the interests of small farmers, accelerate transformation of small household farmers' traditional production, and integrate them into the track of modern agriculture; Foster the development of family farm group with both capital and labor intensives to become competitive new business entities by attracting both those talent people who want to start their own businesses in agriculture and cultivate skilled and professional farmers in rural areas. It is necessary to strengthen mechanism design by linking land withdrawal with social securities and guide the elder small household farmers who are engaged in part-time farming and those who are deeply engaged in non-agricultural part-time farming to withdraw from the agricultural field in order to avoid the inefficient use of farmland or even abandoned land. Strengthen the leading role of dragon enterprises by vigorously developing order-agriculture and bring transformation for livelihood small household farmers to the modern ones.

Third, improve agricultural service system for small household farmers by turning to users-oriented. Continue to improve and innovate a variety of new socialized professonial services, such as land trust, semi land trust and scaled planting of land. Government should continue to support and encourage social capital invest in agriculture sevices industry, and welcome rural social elites back to their village home for new business, encourage scientific research institutes to the countryside to build new businesses. To meet the needs of small household farmers production, it should develop the agricultural supply chain by various types of professional agricultural socialized service organizations and realize the effective using of cultivated land and the modernization of agriculture production. On the premise of maintaining the small household farmers' main position of agricultural production, we should promote small household farmers' deep involvement in modern agriculture. In response to the needs of different types of small household farmers, it also should guide the development of various types of socialized professional business services, and form a cooperative mechanism which dominated by market-oriented professional service organizations, based on government public service organizations and farmer self-service organizations.

Fourth, Accelerate the human capital improvement of small household farmers. The experience of industrialized countries has shown that the pace of the welfare increasing of small household farmers mainly depends on the labor market, rather than the agricultural product market due to their limited arable land resources. For obtaining more employment opportunities in the labor market of small household farmers, vigorously developing targeted vocational education and improving the basic production skills of small household farmers are needed, based on market demand through labor service intermediary organizations. Also the government should expand their extension program for using smart phone project and build up the channels between small household farmers and the outside world. It would help small household farmers to obtain the required information and knowledge conveniently and quickly at low cost, and would promote small household farmers to accelerate the modernized life style transition.

Key Words：Small Household Farmers, Modern Agriculture, Mechanism

目　　录

一 中国小农户的基本属性与主要特征

（一）小农户的界定

提到小农户，无论是在国内还是国际上，往往与小农、小农生产方式、小农经济或"小农立场"等概念联系在一起，含有较强烈的主观感情色彩或价值判断，与观念保守、生产方式落后，或者自由独立、人民食物主权（People Food Sovereignty）等密切关联。

关于农业生产经营基本单位的界定是一个复杂的事情，它直接关系到政府政策的瞄准群体，是政府农业生产经营总体状况判断的重要依据。目前我国现有法律没有对小农户进行专门的法律规定，本书所称的小农户，是指以家庭为基本生产经营单位，以自我承包及土地流转方式获得的集体承包地为主要生产资料，以家庭成员为主要劳动力供给，不雇佣常年劳动力，独立从事农业生产经营活动，并自我承担经营风险与收益的农户。现实中，本书将小农户群体大体界定为国家统计局农业普查中，除去规模农业经营户以外的普通农业经营户。国家统计局最新的第三次全国农业普查数据显示，2016 年，全国普查农户数量为 23027 万户，其中从事农、林、牧、渔业及农林牧渔服务业的农业经营户 20743 万户，这其中的规模农业经营户[①]有 398 万户。农业部经管司的最新统计显示，截至 2017 年底，我国经营耕地 30 亩以下的农户超过 2.3 亿户，占经营耕地农户总量的 88% 以上。全国家庭承包耕地流转面积 5.12 亿亩，占家庭承包经营耕地面积的 37%，经营 50 亩以上的农户达到 402 万户，比上年增长 6.9%（农业部农村经济体制与经营管理司，2018）。参照世界银行将经营 2 公顷以下土地的农户视为小农户的标准，可以初步判断出小农户生产仍旧是我国当前农业生产经营方式的基本面。

从国际经验看，对于小农户的定义有多种，并且是动态变化的。如日本对于小农户的界定是指以家庭经营为主体，不雇佣劳动力，也无余力从事其他工作的家庭农场，是以获取劳动报酬为目的的农业经营者。[②]

---

① 种植业规模农业经营户的最低标准为全年播种面积（含两季作物）达到 100 亩，设施农业为占地面积 25 亩。

② 参见第五部分相关内容。

根据 1990 年《日本农林普查》的规定，农户是指经营 0.1 公顷以上耕地，或者农产品销售年收入超过 15 万日元、从事农业生产的家庭。1999 年日本颁布《食品·农业·农村基本法》，同时废止了 1961 年的《农业基本法》，新法完善了对农户的划分，在纯农户、农业收入为主的一兼农户、非农收入为主的二兼农户分类的基础上，把纯农户再划分为自给农户和销售农户。其中，销售农户是指经营 0.3 公顷以上耕地或者农产品销售年收入超过 50 万日元的农户。其他自给农户是指经营 0.3 公顷以下耕地或农产品销售年收入少于 50 万日元的农户。但那些只拥有耕地不经营或撂荒耕地 0.5 公顷以下的农户，被视为非农户（肖鹏，2014）。

又如在美国，家庭农场是农业的基本生产经营单位，但由于法律上对家庭农场没有定义，美国农业政策中对家庭农场的规定通常是指家庭成员或血亲缘成员所有并经营控制，对家庭农场以最低产出规模为判断标准，美国政府最早确定的标准是在 1850 年，规定被称为农场的生产单位要达到 100 美元销售额以上。迄今为止，美国农场的认定标准先后变化了 9 次，到 1974 年，凡是农产品销售额在 1000 美元及以上的任何单位均可定义为农场。这个标准自 1997 年以来，得到美国农业部、普查局等机构的共同认可。到 2015 年，美国农场总量 206 万家，但是政府关于农场界定的宽泛性引发了争议，民间认为它直接影响了政府农业补贴的标准。如根据美国的农业普查，2012 年，有 75.4% 的农场销售额在 5 万美元以下，仅占美国农产品销售额的 3.5%，经营面积占 29.7%。而销售额 25 万美元以上的农场虽然占比只有 11.9%，但提供了全美国 88.2% 的农产品销售额。因此有人指出，如果政府针对农场实行普惠制，不利于调动真正从事农业生产经营的群体（洪民荣，2016）。

因此，从有利于政府政策标准和提升政策效率的原则出发，未来需要进一步细化对我国小农户群体的基本分类，并有针对性地进行分类扶持与指导。

（二）小农户的基本属性和基本分类

1. 关于小农户属性判断的经典理论

关于小农户的基本属性，国际农民学界的研究迄今最有影响的经典理论仍然没有突破以下三种，一是以诺贝尔经济学奖获得者、美国经济学家舒尔茨为代表的"形式（理性）小农学派"，他提出了著名的小农贫穷而有效率的理性小农观点，他认为小农的生产动机是追求利润最大化，作为理性的"经济人"，小农的市场行为丝毫不逊色于任何资本主义企业家，因此，他提出改造小农应从外部输入现代的生产要素，包括人力资本的投资、现代技术的供给、新的市场等，他坚决反对建立大规模农业生产经营单位的改造模式。

二是以苏联经济学家恰亚诺夫为代表的"实体（自给）小农学派"，他通过研究20世纪20年代俄国的农户经济，认为农民家庭既是一个生产单位，也是一个消费单位，首先是一个消费主体，而后才是一个生产主体，农民生产是为了满足家庭消费需要，而不是追求利润最大化。因此，他建议保留私有制、发展经典的农民合作组织，通过纵向一体化，实现小农的社会主义改造。

三是以马恩经典作家为代表的受剥削小农派，马克思认为，小农生产是独立、自我封闭的自给自足的小规模生产，排斥社会分工与科学应用，并且不参与市场交换（马克思，1974）。因此小农生产方式是一种过时、落后的生产方式。根据英国农业资本主义化的经验，马克思和恩格斯认为随着商品经济的发展，小农生产方式将被"大农业"所取代是历史发展的必然。马克思和恩格斯主张通过合作化的道路改造小农，恩格斯在《法德农民问题》经典文献中提出著名论断，即在无产阶级夺取政权后，要在坚持自愿原则的基础上，将小农"私人生产和私人占有变为合作社的生产和占有"。

列宁发展了马克思恩格斯农业资本主义发展的理论，提出了农业资本主义的两条道路，即改良式的普鲁士道路和革命式的美国道路，前者是在农业中逐渐用资本主义经营方式代替农奴制地主经济经营方式的改良道路。后者则是通过革命战争，摧毁封建领主经济，建立土地个人私有制，确立资本主义的自由农场主制度。基于小农没有出路的认识，列宁应用马恩小农理论改造小农，最初提出在土地国有化基础上发展农业公社、共耕社等合作生产组织，在遭遇农业生产力的严重破坏后，列宁总结经验，转向推行新经济政策，列宁在晚年所著的《论合作社》中提出发展流通领域合作组织，尊重农民的个体生产方式，建立无产阶级和小农的经济联盟。

斯大林继任后，改变列宁的改造小农方针，提出要从供销合作社的低级形式到生产合作—集体农庄高级形式（马克思，1974），并以此思想为指导，在苏联全面推行集体农庄制度，严重挫伤了农民的生产积极性，导致了苏联农业长期停滞不前。

2. 小农户群体的基本分类

随着农业农村现代化进程的不断深入，我国的小农户群体已经明显分化，可以大体分为以追求农业利润最大化的市场型专业农户和家庭效用最大化的兼业生计型农户，以及以满足家庭简单再生产为导向的生存型农户等三种类型。

其中，第一类农户可以视为舒尔茨小农理论下的形式小农，其经营行为本质是以市场为导向的农业企业，这类小农户与规模农业经营户除了经营规模上的不同以外，经营行为是一样的，这部分小农户主要集中于蔬菜、水果及畜产品生产领域，他们具有资本——劳动双密集的生产特点，采纳新技术的积极性高，已经初步实现了从传统农户向现代小农户的转型，但是没有构成我国小农户的主流形式。

第三类生存型农户的构成主体是贫困农户和低收入农户群体，开展农业生产经营的目的以家庭自用为主，剩余部分用于市场销售，农业产出率和商品化率低下，这类农户占我国农户的比例也很有限，加速这类传统小农户的转型应与实施脱贫攻坚战相结合。

当前构成我国小农户主体的是第二类农户，即生计小农户，他们是典型的兼业农户，家庭收入增长主要依赖非农产业或外出就业收入，他们从事农业生产兼具商品生产与自我消费双重属性，农业生产决策以追求家庭效用最大化而不是利润最大化为目标，他们代表了当前中国小农户的基本状况，政府扶持小农户的重点应是第二类兼业生计型小农户群体和第三类生存型小农户，其中后者是通过纳入实施脱贫攻坚战中来，全面提升生存小农户的家庭经营性收入；而前者成为本报告研究的重点。

（三）当前小农户生产的主要特征

1. 小农户农业经营以种植业为主

按照第三次全国农业普查主要数据公报（五），农业生产经营人员的行业分布集中在种植业，全国平均数为92.9%（表1-1），按照小农户从事农业生产经营人员占全国总量的92%，可以判断，种植业仍旧是小农户生产的主要产业。其中，中部地区占比最高，达到94.4%，占比最低的东北地区也超过了90%。

表1-1　　　　农业生产经营人员行业分布构成　　　单位：万人、%

	全国	东部地区	中部地区	西部地区	东北地区
农业生产经营人员总数	31422	8746	9809	10734	2133
主要从事农业行业构成					
种植业	92.9	93.3	94.4	91.8	90.1
林业	2.2	2.0	1.8	2.8	2.0
畜牧业	3.5	2.4	2.6	4.6	6.4
渔业	0.8	1.6	0.6	0.3	0.5
农林牧渔服务业	0.6	0.7	0.6	0.5	1.0

资料来源：根据全国第三次农业普查数据整理，国家统计局网站。

2. 劳动力构成中女性比例相对偏大

全国第三次农业普查数据显示，从事农业生产经营人员仍然是男性劳动力为主，平均占比52.5%，女性占比47.5%（表1-2）。其中小农户劳动力的女性占比为47.8%，与规模农业经营户相近似，但明显高于农业经营单位40.6%的比例，高出了7.2%。

表1-2　　　　　　　农业生产经营人员性别构成　　　　单位：万人、%

	全国	农业经营户	规模农业经营户	农业经营单位
农业生产经营人员总数	31422		1289	1092
性别构成				
男性	52.5	52.2	52.8	59.4
女性	47.5	47.8	47.2	40.6

资料来源：根据全国第三次农业普查数据整理，国家统计局网站。

3. 农业劳动力老龄化问题相对突出

按照全国农业三普数据，全国农业生产经营人员的年龄构成中，35岁及以下占19.2%，36—54岁占47.3%，55岁及以上占33.6%；其中，农业经营户中35岁及以下占19.1%、36—54岁占46.2%、55岁及以上占34.7%，与全国平均数接近；规模农业经营户中，35岁及以下占21.1%、36—54岁占58.3%、55岁及以上占20.7%（表1-3）。很显然，农业经营户

55 岁及以上劳动力的比例高出规模农业经营户的整整 14 个百分点，小农户生产的老龄化问题相对突出。

表 1-3　　　　　　农业生产经营人员年龄构成　　　　单位：万人、%

	全国	农业经营户	规模农业经营户	农业经营单位
农业生产经营人员总数	31422		1289	1092
年龄构成				
35 岁及以下	19.2	19.1	21.1	19.7
36—54 岁	47.3	46.2	58.3	61.2
55 岁及以上	33.6	34.7	20.7	19.1

资料来源：根据全国第三次农业普查数据整理，国家统计局网站。

应该看到，老龄化问题是带有世界性的普遍现象，如我们 2019 年访问韩国农业部得到的最新数据显示，韩国农业劳动力 60 岁及以上的占比在 1970 年只有 7.93%，但是到 2016 年，达到了 53% 以上，农业面临后继无人问题（表 1-4）。

表 1-4　　　　　　　韩国农户老龄化趋势　　　　　单位：千人、%

	1970 年	占比	2000 年	占比	2016 年	占比
39 岁及以下	10797	74.87	1490	36.97	477	19.10
40—59 岁	2481	17.20	1208	29.98	695	27.83
60 岁及以上	1143	7.93	1332	33.05	1325	53.07
合计	14421	100.00	4030	100.00	2497	100.00

资料来源：根据韩国农业部《韩国农村发展（2018）》英文简介手册整理。

4. 小农户非农兼业化程度逐年加深

我国农民人均纯收入构成中，工资性收入所占比例连续四年稳定在 40% 以上，2018 年，农民人均可支配收入 14617 元，其中人均工资性收入 5996 元，占 41.0%，比上年名义增长 9.1%，对农民人均可支配收入增加的贡献率最大，为 42.0%；而人均种植业收入为 2602 元，占 17.8%，名义增速 3.3%（魏后凯、黄秉信，2019）（表 1-5），只有同期工资性收入名义增速的 1/3 略强，在农民纯收入构成中的占比及增速连年均呈相对下降态势，对农民纯收入增长的重要性逐步下降，反映出小农户生产的非农兼业化程度不断加深。

表 1-5　　　2015—2018 年全国农村居民纯收入主要指标变化　　单位：元、%

	2015年	名义增速	占比	2016年	名义增速	占比	2017年	名义增速	占比	2018年	名义增速	占比
农村居民可支配收入	11422	8.9	100.0	12363	8.2	100.0	13432	8.6	100.0	14617	8.8	100.0
工资性收入	4600	10.8	40.3	5022	9.2	40.6	5498	9.5	40.9	5996	9.1	41.0
经营净收入	4504	6.3	39.4	4741	5.3	38.3	5028	6.0	37.4	5358	6.6	36.7
其中，种植业	2412	4.6	21.1	2440	1.1	19.7	2524	3.4	18.8	2608	3.3	17.8

资料来源：2015—2018 年历年《农村绿皮书》（社会科学文献出版社出版）整理。

这意味着小农户的家庭收入来源主要依靠外出务工，农业生产以从事非设施化的大宗农产品生产为主。在粮食领域，受到家庭承包耕地面积小、地块分散且细碎化，以及留在家里从事务农的劳动力老化、弱化等要素制约，加上粮价跌落、农业生产成本不断攀升等市场变化影响，越来越多的非农化的兼业生计小农户不再保留精耕细作的传统农耕文明方式，也缺乏现代小农户采用新品种、新技术的内在动力，从个人经济理性出发，依靠机械化、选择种"懒汉田"已经成为较普遍的现象，少量生计小农户甚至选择了弃耕，直接影响了我国耕地资源的有效利用和农产品市场竞争力的提升。

5. "靠天吃饭"仍然是小农户生产基本面

水利是粮食生产的"命脉"，我国基本国情是人多地少水更少，人均水资源占有量大约仅为世界人均水平的25%，并且分布极不均匀，与我国的耕地资源分布呈反向关系。根据国家统计局第三次农业普查数据显示，我国耕地灌溉面积平均为45.9%（表1-6），其东部、中部超过了60%，但是人均耕地资源相对丰富的西部和东北地区的灌溉占比偏低，尤其是东北地区仅为25.7%。并且灌溉用水主要依靠地表水，平均占灌溉耕地面积的近70%，拥有喷灌、滴灌和渗灌设备的面积平均仅为16%。因此可以初步判断,小农户农业生产的基本条件虽然在不断地改善,但是抵御自然风险的能力还很有限,靠天吃饭的基本面没有改变。

表1-6　　　　　　　　　　农田灌溉　　　　　　　单位:千公顷、%

	全国	东部地区	中部地区	西部地区	东北地区
耕地面积	134921	26184	30512	50408	27818
灌溉耕地面积	61890	16044	20064	18633	7148
其中有喷灌滴灌渗灌	10018	1655	1899	5079	1385
灌溉面积占比	45.9	61.3	65.8	37.0	25.7
地下水	30.5	36.9	35.7	12.1	59.3
地表水	69.5	63.1	64.3	87.9	40.7

资料来源:根据全国第三次农业普查数据整理,国家统计局网站。

6. 家庭承包土地承载多重功能

与世界上绝大多数国家不同,我国农村土地属农村集体所有,按村集体的人口平均分配,农户拥有集体土地的承包经营权,土地对于农户而言,承载了小农户维持基本生计、基本社会保障和社会心理安全以及财产化等多重功能,直接关系到我党在农村的执政基础。在城镇化加速,城乡居民一体化的社会保障制度和公共服务供给保障制度没有建立起来的条件下,广大小农户尤其是老年农户享有的货币化基本养老水平低,不少地区甚至不足以维持家庭简单再生产,土地成为他们以及那些丧失了城市就业权而被迫返乡的病、残、老等少数弱势小农户的最后一道社会和心理保障线，同时也成为那些即将城市化地区的小农户群体期盼承包地被政府征用、实现家庭货币财富急剧增长的重要心理依托。

二　我国小农户与现代农业发展有机衔接的政策演进

（一）改革以来坚持家庭承包经营为基础的农业现代化道路

改革开放后，我国农村实行家庭联产承包责任制，家庭承包经营成为农业经营的主要形式。由于前面提到的户均承包地数量少，我国家庭承包经营实际上就是小农户生产。党和政府采取多种措施，促进小农户与现代农业发展有机衔接。

家庭承包经营解决了在集体化时期农业生产中存在的监督及劳动贡献度量问题，调动了广大农民的生产经营积极性。但回顾历史可以发现，即使这一制度变迁促进了我国农业生产持续发展，质疑、反对该制度的声音一直存在。有的把其视为与现代农业发展相对立的落后生产方式；有的把其与集体统一经营割裂、对立起来，认为搞家庭承包经营动摇了社会主义的经济基础。在实践层面，早在 20 世纪 90 年代初期，就有地方搞起了"两田制"，将集体的土地划分为口粮田和责任田，口粮田按人平均承包；责任田有的按人承包，有的按劳承包，有的实行招标承包。有的地方以发展集体经济为名干预农户家庭生产，收回承包地，造成部分农民失去土地，严重影响了农民生活和社会稳定。针对上述情况，党中央制定政策及时予以纠正，明确反对以发展集体经济的名义削弱、破坏家庭承包经营。进入 20 世纪 90 年代，我国的农村基本经营制度建设开始走上法治化轨道。1993 年《宪法》修订版第八条第一款引入了"农村中的家庭联产承包为主的责任制"，1998 年，党的十五届三中全会通过了《中共中央关于农业和农村工作若干重大问题的决定》（以下简称《决定》），对家庭承包经营权制度进行了系统阐述，提出家庭承包经营不仅是集体经济组织内部的一个经营层次，而且是统分结合的双层经营体制的基础，集体经济组织要增强为一家一户服务的功能。对于家庭承包经营的地位，《决定》指出："这种经营方式，不仅适应以手工劳动为主的传统农业，也能适应采用先进科学技术和生产手段的现代农业，具有广泛的适应性和旺盛的生命力，必须长期坚持。"1999年《宪法》修订版提出，"农村集体经济组织实行家庭承包经营为基础、统分结合的双层经营体制"。2002
年《农村土地承包法》颁布，明确立法目的是为稳定
和完善以家庭承包经营为基础、统分结合的双层经营
体制，赋予农民长期而有保障的土地使用权，并将耕
地承包期三十年写入法律。2007 年《物权法》颁布实
施，进一步明确了土地承包经营权的用益物权属性，
由此，初步形成了我国农村基本经营制度的基本法律
框架。

　21 世纪初，随着中国进入工业化中期，针对我国
城市化加速，农村劳动力大量转移，在发展现代农业
中，农户经营超小规模、土地细碎分散、农户组织化
程度低、农民老龄化、农业副业化等问题突出，影响
现代农业装备应用、农业标准化和农产品市场竞争力
等，2008 年党的十七届三中全会《关于推进农村改革
发展若干重大问题的决定》（以下简称《决定》）提出
"推进农业经营体制机制创新，加快农业经营方式转
变"，在创新农户"分"的层面，《决定》提出"家庭
经营要向采用先进科技和生产手段的方向转变，增加
技术、资本等生产要素投入，着力提高集约化水平"。
从"统"和"分"两个层次提出了完善农村基本经营
制度"两个转变"的政策要求。在创新集体"统"的
层面，《决定》提出"统一经营要向发展农户联合与
合作，形成多元化、多层次、多形式经营服务体系的

方向转变",提出要通过发展集体经济、提升集体服务能力,培育农民新型合作组织、发展各种农业社会化服务组织以及鼓励龙头企业与农民建立紧密型利益联结机制等多种途径,着力提高组织化程度。对分散经营的农户如何参与现代农业建设,从农户自身的经营转型与统一经营层面的利用自我服务、社会化服务及市场化服务等多路径创新,进行了战略布局。

2012 年,党的十八大报告对于稳定和完善农业基本经营制度,进一步提出要"构建集约化、专业化、组织化、社会化相结合的新型农业经营体系",强调发展农民专业合作和股份合作,培育新型经营主体,发展多种形式规模经营。2013 年,党的十八届三中全会《关于全面深化改革若干重大问题的决定》(简称《决定》)又指出要"加快构建新型农业经营体系。坚持家庭经营在农业中的基础性地位,推进家庭经营、集体经营、合作经营、企业经营等共同发展的农业经营方式创新"。《决定》提出"坚持农村土地集体所有权,依法维护农民土地承包经营权,发展壮大集体经济。稳定农村土地承包关系并保持长久不变"。同时顺应城镇化、农业现代化不断深化的时代要求,明确提出"赋予农民对承包地占有、使用、收益、流转及承包经营权抵押、担保权能,允许农民以承包经营权入股发展农业产业化经营"。并明确鼓励农户的承包经营权在公开市场上向专业大户、家庭农场、农民合作社、农业企业流转，发展多种形式规模经营。这为小农户与现代农业的有机衔接指明了基本路径。

2013 年 12 月 23 日在中央农村工作会议上，习近平总书记深刻指出坚持党的农村政策，首要的就是坚持农村基本经营制度。坚持农村基本经营制度，不是一句空口号，而是有实实在在的政策要求，就是要坚持农村土地集体所有，坚持家庭经营基础性地位，坚持稳定土地承包关系。现有农村土地承包关系要保持稳定并长久不变。2016 年 4 月 25 日在安徽凤阳县小岗村农村改革座谈会上，他再次强调，以家庭承包经营为基础、统分结合的双层经营体制，是我们党农村政策的重要基石。解决农业农村发展面临的各种矛盾和问题，根本靠深化改革。新形势下深化农村改革，主线仍然是处理好农民和土地的关系。最大的政策，就是必须坚持和完善农村基本经营制度，坚持农村土地集体所有，坚持家庭经营基础性地位，坚持稳定土地承包关系。

近年来，我国农村土地流转速度有明显加快的趋势。随着土地流转速度与规模的提升，在农业生产经营领域已经发展培育出诸多新型农业经营主体，如专业大户、家庭农场、农民专业合作社、农业产业化龙头企业等。近年来的多个中央文件均强调，农地流转应坚持依法、自愿、有偿的原则有序进行，要稳定和完善以家庭承包为基础、统分结合的双层经营制度。

针对农业比较收益低和小农户在生产中的困难，党和政府制定了一系列的支持保护措施，主要有取消农业税，向小农户提供良种、农资等综合补贴；对小农户销售的主要农产品实行政府保护价收购；着力推进农村土地整理和小型农田水利设施建设；建立和完善面向小农户的农村社会保障制度等。特别是党的十九大报告提出实施乡村振兴战略，要"实现农业农村现代化"，并提出"健全农业社会化服务体系，实现小农户和现代农业发展有机衔接"，为我国以小农户为主体的现代农业发展指明了方向。2018 年 9 月，中央深改委第四次会议审议通过《关于促进小农户和现代农业发展有机衔接的意见》，进一步系统论证了促进小农户和现代农业发展有机衔接，对巩固完善农村基本经营制度、实施乡村振兴战略、夯实党的执政基础具有重要意义。同时指出，要坚持小农户家庭经营为基础与多种形式适度规模经营为引领相协调，按照服务小农户、提高小农户、富裕小农户的要求，加快构建扶持小农户发展的政策体系，加强农业社会化服务，提高小农户生产经营能力，提升小农户组织化程度，改善小农户生产设施条件，拓宽小农户增收空间，促进传统小农户向现代小农户转变，使小农户成为发展现代农业的积极参与者和直接受益者。

（二）21 世纪以来大力培育和创新
新型农业经营主体

进入 21 世纪以来，随着中国工业化进入中期阶段，农业发展的主要矛盾从全面短缺转化为总量基本平衡、结构性相对过剩，农民收入增长缓慢成为突出的社会问题。针对小农户面临着一些在生产、经营、销售等方面的困难，党和政府的政策导向在坚持家庭承包经营为基础的同时，大力培育和发展新型农业经营主体，促进新型农业经营主体带动小农户与现代农业发展有机衔接，赋予统分结合双层经营体制新内涵。

2004 年起，连续 16 年的中央一号文件都对农民合作组织的发展做出重要部署，从促进产前、产中、产后全产业链农业社会化服务等，提出鼓励农民合作社发展的政策举措，引导农户联合起来，解决一家一户在生产经营中遇到的"解决不了、解决不好、解决了不合算"的困难，突破兼业小农户经营存在的规模不经济、市场信息不畅、生产资金不足、缺乏先进技术和市场谈判力等问题，帮助农户全面提升市场竞争力。

在国家政策以及 2007 年 7 月实施的《农民专业合作法》的推动下，农民专业合作社快速扩张，总量增长出现了"井喷"态势。国家市场监督管理总局发布的数据显示，截至 2018 年 12 月底，全国农民专业合作社的注册登记总量达到 217.3 万家，有效运作的农民专业合作社逐步成为各级政府构建新型农业经营体系、参与农业产业化建设、完善龙头企业与农户的利益联结机制、建设新型农业社会化服务体系、促进一二三产业融合发展和落实"三农"政策的一个重要载体。

近些年来，家庭农场作为重要的新型农业经营主体形式得到了快速发展。2008 年，党的十七届三中全会《决定》首次提出有条件的地方可以发展大户、家庭农场、农民专业合作社等规模经营主体。2013 年中央一号文件对发展家庭农场进行全面部署，提出要创造良好的政策和法律环境，采取奖励补助等多种办法，扶持家庭农场，由此推动家庭农场进入大发展阶段。家庭农场是小农户的升级版，既保留了家庭承包经营这一适宜于农业生产的经营形式，也在一定程度上实现了规模经营，是现代小农户群体的主要代表。同时，家庭农场也有助于推进农业生产的标准化、绿色化、品牌化。

随着各类新型经营主体的快速发展，形成了"农业产业化龙头企业＋合作社＋小农户""合作社＋小农户"或"家庭农场＋小农户"等多种典型经营形式，显示出诸多优势，主要包括：一是有助于解决小农生产经营中面临的技术、资金及产品销售难题；二是有助于解决小农生产市场化、国际化竞争力较弱的难题，提高生产标准化和专业化程度；三是有助于解决小农户农业收入低、生产效率低的难题。

根据农业部 2016 年统计数据，全国已有超过 87 万户家庭农场，农业产业化龙头企业达到 13 万家，各类公益性服务组织超过 100 万个。

各类新型农业经营主体的快速发展，不仅为农产品供给的有效增加提供了支撑，同时在一定程度上重构了我国农业生产经营以小农户为主的传统格局。国家的政策导向从原来的支持某种特定类型的新型经营主体，到目前的全方位支持各类新型农业经营主体，向着普惠式的平等支持方式转化，也带动了各种类型新型经营主体的创新与发展。

同时，政府积极促进发展多类型农业社会化服务模式。围绕如何把小农户生产引入现代农业发展轨道，近年来我国各地开展了积极探索，在不更改农业经营主体和不以行政手段加快土地流转的前提下，通过培育新型农业社会化服务主体，推动农业生产规模化经营。以粮食产业为例，比较典型的规模化服务方式有互换并地、土地托管以及联耕联种三种类型。互换并地是指将农民分散化、细碎化的土地调整到一块或一片，以此实现土地集中连片耕种和扩大土地规模经营。目前在陕西、安徽、广东等省份率先开始试点"一田一户"政策，它是指一个农村户口，只能拥有一块连片的农田。具体做法是：集体收回农户承包地，然后对土地进行统一综合整治，平衡地力，完善水、电、路等配套设施，再分配给各家各户，从而解决了农民地块分散的问题，也为农民流转土地或以土地入股新型农业经营主体奠定了基础。土地托管是指农民将土地委托给农业社会化服务组织进行耕作管理的一种农业经营方式，有的是从种植到收割的全程托管，有的是某一个或几个生产环节的半托管。联耕联种是指农户联合起来，打破田埂界限，选用统一的生产品种，统一进行田间作业，从而实现农业规模化经营。目前我国开展土地托管服务的主体主要包括供销合作社体系、专业合作社、农机大户以及种植大户等新型农业主体。据不完全统计，供销社系统的土地托管面积到2018年底达到了1.78亿亩。

可以说，改革开放40年的农业现代化进程，也是小农户不断融入现代农业的发展过程，从总体上，小农户已经初步进入现代农业发展轨道。以近十年的发展指标为例，2007年，我国农业科技进步贡献率为47%，2017年提高到57%，平均每年提高一个百分点。从农业土地生产率来看，在2007年至2017年的十年中，主要作物单产提高幅度是：小麦 26%，玉米 11%，稻谷 10%，棉花 31%。从农业劳动生产率来看，在 2007 年至 2017 年的十年中，全国人均 GDP 增长了 2.2 倍，而农业劳动生产率增加了 3 倍。农业劳动力减少了 1 亿人，但所创造的农业增加值总量是原来的 2.7 倍。

（三）实现小农户与现代农业发展有机衔接面临的挑战

1. 对家庭经营生产的合理性和长期性认识不足

如前面所提到的，我国 20 世纪 50 年代后期开展的农业合作化运动及人民公社化运动彻底摧毁了小农经济体制，但实践证明，农业集体化道路行不通。改革开放后所推行的农业家庭联产承包责任制，实际上是对小农生产合理性的再认识，是马克思主义小农理论的中国化。值得注意的是，无论是国内还是国际学术界，一直存在着把小农户生产与现代农业发展对立起来的认识误区，认为小农户生产与现代农业发展不相容、不能实现有机衔接，在政策导向上，不考虑中国的基本国情，不考虑小农户的出路，简单地采取加速农村土地流转等方式，少数地方甚至将土地流转实现规模经营视同于传统农业向现代农业转变，设定土地流转率的硬性考核目标，造成出现违背广大小农户意愿强行开展土地流转的现象。

实际上，小农户经营与规模化生产并不矛盾，农业生产方式首先取决于一个国家的资源禀赋和技术条件，以及现代化的发展进程。传统农业生产要素包括土地、资本以及劳动力，当这三个要素的边际产出等于其市场价格时，农业生产就是有效率的。在劳动力紧缺而土地资源丰富的国家，农场工人的工资成本会很高，此时资本投入会增加以减少劳动力，从而农场规模会扩大。相反，若一个国家人多地少，农业劳动力相对富裕，农业生产中使用最多的生产要素则是劳动力，此时农场规模不会很大。当前中国农业生产仍然是劳动力多、农业生产经营规模小的基本状况。随着城镇化工业化进程的加快，应通过加速农村劳动力向第二、三产业转移，农村人口向城镇集聚，推进部分小农户退出农业生产，实现从事农业的小农户土地耕种规模的提升。

2. 农村土地制度改革相对滞后

我国实行农村土地集体所有制，在目前农村承包地"三权分置"的政策框架下，村组集体拥有土地所有权，主要体现为土地发包权。农民拥有土地承包经营权，在农民承包地没有发生流转的情况下，小农户是土地承包权和土地经营权的权利主体；当农民承包地流转后，小农户拥有土地承包权，流入者拥有土地经营权。从总体情况来看，我国农村土地制度符合我国的国情和农情，但仍存在一些问题，不利于小农户与现代农业发展有机衔接。

（1）土地承包经营权存在不稳定因素

我国现有的政策和法律对村集体调整和收回农民承包地作出了限制性规定。但是，由于行政村一级的村集体是农村承包地发包者，在招商引资中或以集体产权制度改革的名义，少数村集体仍然存在以各种理由调整和收回农民承包地的现象，造成农户土地承包经营权具有内在的不稳定性。实地调研发现，有的地方以落实土地集体所有权或发展集体经济的名义，不顾承包农户的反对，收回农民的承包地建立集体农场或开发休闲农业产业；一些地方收回农民承包地后，以集体的名义租赁给投资商；还有的村集体重新发包，给了其他的承包户，以获得较高的租金收入。由于缺乏有效的乡村治理，小农户的承包经营权益无法得到保障。

（2）土地承包经营权的权能不完整

我国的农村土地承包法和物权法等法律规定，农民对承包土地享有占有、使用、收益和流转的权利。农户在承包期内可按依法、自愿、有偿的原则，采取转包、出租、转让、互换等形式流转土地承包经营权。这些权利是设立在农村集体土地所有权上的用益物权，构成了土地承包经营权的权能结构。但是，土地承包经营权的权利内容仍有待完善，主要表现为土地承包经营权的法定承包期为 30 年，而土地流转的期限不得超过承包期的剩余年限，由于距离第二轮承包权 2028 年前后不足十年，受到农业投资的回报期普遍较长的产业属性限制，造成很多地区的土地流转市场出现供大于求的局面，大量非农收入为主的生计小农户希望流转出土地，但是缺乏有效的经营者群体。

（3）土地经营权的权利实现存在着障碍因素

土地经营权是指在一定期限内占用承包地、自主组织生产耕作和处置产品，取得相应收益的权利。在小农户承包地没有发生流转的情况下，土地承包权和土地经营权的权利主体是统一的。当小农户承包地流转后，土地承包权和土地经营权的权利主体发生了分离。小农户是土地承包权的权利主体，流入方是土地经营权的权利主体。农村承包地"三权分置"制度的重要功能是借此赋予经营主体更有保障的土地经营权，从而使得我国的农村基本经营制度更加完善。但从现实情况来看，土地经营权的权利实现存在着障碍因素：第一，土地经营权确权颁证工作滞后，很多流入土地的新型农业经营主体没有土地经营权证，也就不可避免地影响到土地经营权的市场交易和流转。第二，如前所述，现代农业的投资规模大、投资回报周期长，相应地，就要求有较长期限的土地经营权。但土地承包经营权有时效限制，新型农业经营主体不能与农民签订跨越承包期的土地流转合同。这一约束条件加大了土地流入方的投资风险，从而不利于其加大农业投入，也有可能导致其对耕地采取短视的、破坏性的利用行为。第三，新型农业经营主体以土地经营权抵押贷款存在困难。虽然政府开展了土地经营权的抵押贷款试点，但是初效不佳。因为如果新型农业经营主体以土地经营权为抵押获得的贷款一旦不能按时偿还，金融机构便难以将土地经营权这一抵押物变现，加大了金融机构的潜在风险。

3. 新型农业经营主体与小农户的利益联结机制不完善

实践表明，新型农业经营主体对于小农户与现代农业发展有机衔接具有积极作用。但目前的突出问题是，新型农业经营主体与小农户的利益联结机制不完善，影响了其把小农户引入现代农业发展轨道的绩效。

在以"公司＋农户"为代表的农业产业化经营中，小农户由于超小规模，难以被"＋"，真正能够参与其中的农户都是以规模化的专业农户为主。一些小农户因地域产品的特殊性，通过"农户＋合作社＋公司"与公司对接上，但是由于合作社的主体形式是公司领办的，受公司所操纵，除了能够获得较好的社会化服务，难以与公司谈判，更难以分享到公司的利润。并且在公司亏损时甚至会遭遇经营主体"跑路"和赖账毁约等情况，利益得不到有效保障。

农民专业合作社是引导小农户与现代农业发展有机衔接的重要载体。近些年来，农民合作社的发展，对于稳定家庭承包经营制度、完善农业社会化服务、联结农户与市场、促进农民增收等方面发挥了重要的作用，特别是合作社为载体提供的专业化服务，如农机、植保、农资服务、土地托管以及灌溉等，为促进农业的标准化、专业化发挥了积极作用。但总体看，我国农民专业合作社仍处在初级发展阶段，在发展中普遍面临规模小、带动小农户能力弱的问题，营销服务能力尤其薄弱。此外值得注意的是，在农民专业合作社统计数字背后隐藏着大量没有开展运行的"空壳"或"休眠"合作社。2017年对浙江、陕西、吉林等8省12个县的调查结果显示，"空壳"或"休眠"合作社数量众多，在一些地区超过50%，甚至是绝大多数（"促进农民专业合作社健康发展研究"课题组，2019）。其中，有的从未开展过经营活动，主要是为了获取政府财政补助或税收优惠而注册；有的由于经营不善或市场行情变化而停止运营。在正常运营的农民专业合作社中，领办人与农户没有结成利益共同体是较普遍的问题。提升农民专业合作社的质量是实现我国小农户与现代农业发展有机衔接的关键。

4. 面向小农户的农业社会化服务体系建设滞后

近年来，各种农业社会化服务组织发展迅速，在带农入市、助农增收中发挥了重要作用。但是，面向小农户生产的公共和自助服务主体仍然较少，服务体系仍然不够完善，尤其是在小农户生产占比较大的山区和民族地区，农业社会化服务体系建设严重滞后。从总体上来看，小农户生产的社会化服务主要依靠市场化的乡村基层个体农资经销商、个体农机手及农产品经纪人等提供的私人服务。从服务领域来看，私人部门给小农户生产提供的主要是农机服务和农资供应，而病虫害防治等环节的服务在很多地区基本处于空白状态。小农户急需各种产后服务，如农产品产后处理、仓储、烘干、农产品产地初加工等服务尤为缺乏。在这种情况下，大量的小农户游离于政府和新型服务经营主体的农业社会化服务体系之外，依靠不健全的市场参与竞争，面临很强的不确定性。

三　家庭承包经营的
法律制度建设

（一）强化家庭承包经营制度
法治化建设的背景

我国《宪法》对于农村的基本经营制度的法律表达是："农村集体经济组织实行家庭承包经营为基础、统分结合的双层经营体制。"① 家庭承包经营的实现形式是建立以稳定和完善农村基本经营制度为目的的农户土地承包经营法律制度。② 我国现行的法律制度保障农户以家庭承包方式取得土地承包经营权，其目的在于保障农民集体成员以家庭为单位，享有对集体所有土地的占有、使用和收益的权利。家庭承包经营是农村基本经营制度的基础，由于目前农地制度建设的滞

---

① 参见《宪法》第 8 条第 1 款。
② 参见《农村土地承包法》第 1 条。

后和制度安排的不衔接，人们对家庭承包经营在农村基本经营制度中地位的认识存在偏差，继而引发实践操作中的不一致，甚至是对农户承包经营权的侵犯。如何从法理上清晰界定集体所有权、土地承包权和土地经营权的基本内涵，是深化土地"三权分置"改革的基本前提。

为巩固和完善农村基本经营制度，需要进一步探讨农户承包土地权利结构的形成机制及其内在冲突的解决途径，分析实施土地"三权分置"可能出现的难点，理顺土地承包经营权、土地承包权和土地经营权之间的关系以及"三权分置"对农业经营体制的影响，以实现农户承包土地法律制度的更新，进一步完善农户承包土地的权利体系。

（二）家庭承包经营视野下"三权分置"的法律内涵

土地承包经营权制度的建立，为农户成为地权交易主体提供了可能。禁止或限制土地承包经营权流转，曾经是农地政策的重要内容。随着农村社会经济条件的变化，土地承包经营权流转逐步得到了政策和法律的支持，其主要标志是土地承包经营权流转政策体系的形成和以家庭承包方式取得的土地承包经营权流转法律制度的建立。总体上看，土地承包经营权在农户承包土地权利体系中具有独立性，土地承包经营权流转机制也基本能够满足实践的需要，但由于土地承包经营权与集体所有权之间的权利结构缺乏清晰的法律表达，以及对土地承包经营权流转的决定因素是市场需求，而不是行政力量缺乏充分认识，土地承包经营权与不能从法律上得到清晰表达的集体所有权之间的冲突难以避免。

立足于巩固和完善农村基本经营制度，克服农户承包土地的集体所有权的内在冲突，建立更为高效的土地承包经营权流转机制，有必要实施农户承包土地的"三权分置"。为有效实施"三权分置"，需解决以下三个基本问题：一是如何可行、有效地落实农户承包土地的集体所有权；二是如何清晰界定集体所有权与土地承包经营权之间的权利关系；三是如何准确区分土地承包权和土地经营权。

1. 集体土地所有权的内涵和实现方式

集体土地所有权的主体构成不同于传统所有权，这是认识农户承包土地的集体所有权的出发点。大陆法系国家关于所有权的立法一般规定，所有权包含占有、使用、收益和处分的权能。而在遵循所有权基本法理的前提下，农民集体所有权的物权立法的目的在于保障农民集体为其成员提供生存和发展所需要的土地财产权。在农村社会经济条件发生根本性变化的背景下，应重新理解和解释农民集体所有权的含义。

农村改革以来，集体所有权制度演变的主要趋势可以概括为集体所有权制度从以农村生产、分配和核算单位为基本特征的集体经济组织制度，向可以从法律意义上来解释的财产权制度演变。这种财产权制度的法律表达是："农民集体所有的动产和不动产，属于本集体成员集体所有。"① 集体土地产权归农民集体共有成为主流观点，但实践效果表明，这一笼统的说法不利于集体土地产权的明晰。一方面，集体土地所有权主体虚位已成为通说，但实际上集体所有权主体虚位的说法并不准确，准确的表述是，土地集体所有权不能通过清晰的法律表达来解释和说明集体所有权主体。另一方面，农民集体所有的财产由本集体成员所有，为实现集体所有权主体的清晰表达提供了可能，但问题是，农民集体成员资格的识别和认定缺乏科学、可行的法律规定或统一规则。因此，集体成员权制度建设是落实集体所有权的关键。建立农民集体成员权制度的核心内容是建立农民集体成员权的取得和丧失的规则。确立农民集体成员权取得和丧失规则的出发点是，农民集体成员资格需不需要固化？如需要固化，

---

① 参见《物权法》第 59 条第 1 款。

应当如何固化?

目前各地在农村产权制度改革中，出现农民集体成员资格的识别和认定标准不统一，它容易引发社会矛盾，甚至激化不同利益群体间的矛盾。农村集体产权制度改革实践中的成员资格固化，其现实意义主要体现为克服集体所有权主体构成的不确定性。另一方面，在推行集体产权制度改革的地方，虽然成员资格的认定或取得的标准存在程度不同的差异，但基本上维持了成员资格的封闭性，而成员资格的封闭性可能给将来的地权争端留下隐患，也会使成员资格固化的目标不能实现。其原因在于，成员资格封闭性的实践后果，会使土地的不断调整成为可能，也会导致土地收益分配规则的不断修改。

重建农民集体成员权制度的另一个难点在于，农民集体的成员应归于何种集体。农民集体是一个集合性概念，因其性质和成员构成的不同可形成不同的组织体。农村集体经济组织与村民自治组织是农民集体的基本分类。农民集体成员，与以农村社区经济组织章程为基础、体现为不同形态的集体经济组织的成员不是同一概念，与村民自治组织的成员也不是同一概念。当农村集体经济组织与村民自治组织合二为一时，谁能取得农民集体的成员的资格一般不会成为问题；当需要区分集体经济组织与村民自治组织时，要明晰农民集体的成员是何种集体的成员需适用不同的规则，而这在实践中是尚未解决的。

以户籍为基本标准来识别和认定集体经济组织的成员的资格，是长期以来人们在实践中遵循的基本规则。具有某一个集体经济组织的户籍的村民，是该集体经济组织的成员，享有成员权，其法律效果主要体现为取得承包地、参与集体资产及其收益的分配。这种成员权制度在实践中面临的主要问题是与其他规则相冲突而逐渐丧失可操作性。在承包地取得上，"增人不增地，减人不减地"规则的实施，使得承包地的取得与户籍已无必然联系。尽管在实践中小调整时有发生，但新生人口不能取得承包地已得到普遍的认同和遵循。同样，集体产权制度改革中推行的成员固化，也使得以户籍为基本标准的成员权取得规则在成员固化后失去其可操作性。在集体产权制度改革实践中，尽管户籍对成员固化具有重要影响，但成员的识别和认定还考虑了其他因素，如劳动年限、出生时间。而且，成员固化意味着固化后在该农村社区取得该社区户籍的人可能不是该社区内集体经济组织的成员。在推行农村集体产权制度改革的过程中，集体经济组织成员的含义已经发生了变化。

农民集体成员资格的识别和认定是问题的一方面，问题的另一方面是集体所有权的行使规则与集体所有权主体结构缺乏科学的法理基础，这在实践中容易引发地权矛盾和冲突。近年来的农村集体产权制度改革实践，为农村集体所有权制度的重建提供了许多有益的经验，特别是土地股份合作在一定程度上能促进土地产权明晰，但仍然不能从根本上有效克服集体所有权制度的内在缺陷。就土地集体所有权和土地承包经营权的关系而言，受土地调整、承包期限、农民集体成员资格的识别和认定、征地补偿等问题的影响，两者之间存在程度不同的冲突。集体所有权行使主体与村民自治组织的重合，还可能为集体所有权权能的扩张和农村基层组织干预农户的承包经营权提供了制度支持。农民集体经济组织和村民自治组织的功能和性质的区分，不能通过清晰的法律表达来体现，这进一步加剧了集体所有权主体制度的混乱。政策的实施和实践表明，在一些情形下村民自治组织可以成为农村集体土地产权的主体，而无需将集体土地产权主体一概归于集体经济组织。[1] 农民集体所有权行使主体的制度安排在实践中还造成农民集体成员的权益受侵害时缺乏有效救济途径的后果。尽管农民集体成员享有撤销权，[2] 但这一制度安排同样缺乏具有可操作性的

---

[1]　参见 2011 年 11 月国土资源部、中农办、财政部、农业部《关于农村集体土地确权登记发证的若干意见》。

[2]　参见《物权法》第 63 条第 2 款。

规则。

　　农村集体产权制度改革实践为区分集体所有权的不同形态提供了可能。在农村集体产权制度改革中，清产核资、股份制改造、股份合作组织的设立等，在不同地区取得了不同程度的进展。农村集体产权制度改革的核心问题之一——农民集体成员资格的认定和界定，以户籍、劳动年限和人口出生时间等为主要标准，成员权制度已经成为参与土地分配和获得集体资产收益的基础性制度。如土地股份合作社和其他股份合作组织的设立，表明其产权形态是设定了限制条件的按份共有，而不是共同共有，也不是不具有可操作性的农民集体所有。同时，集体经济组织的法人化，[①]为重建农民集体所有权主体制度提供了一种新的途径。具有权利能力和行为能力，能够承担相应的主体责任的组织体的设立，可以实现该组织体主体性的清晰法律表达。

　　进而言之，农民集体所有权在实践中体现为不同的权利形态。通过农村集体产权制度改革而建立的集体所有权，是集体所有权的一种形态；农民集体成员以户为单位取得的承包土地的集体所有权也是集体所有权的一种形态。对农户承包土地的集体所有权的理解，应立足于其权利来源（孙宪忠，2016）。落实农

----

　　① 参见《民法总则》第 99 条、第 101 条。

户承包土地的集体所有权的关键问题之一，是保障其成员对农地的持续公平的享有（刘恒科，2017），即坚持土地承包关系长久不变。农民集体成员以户为单位享有土地承包经营权是落实集体所有权的一种主要形式。农户承包土地的集体所有权，体现在对该集体成员土地承包经营权的保障上。

2. 农户土地承包权的内涵和法律地位

农户土地承包权的实质在于，它是农民基于其集体成员权而初始取得的土地财产权。土地承包权指的是土地承包经营权（李国强，2015；刘颖、唐麦，2015），是就土地承包经营权不发生流转的情形来说的。在此情形下，承包地由农户自己耕作、自己经营。尽管土地承包权体现了身份性（肖鹏，2017），体现了农民集体成员承包土地的资格（高飞，2016），但这种身份性是取得该项土地财产权的基础，而不应将土地承包权理解为成员权。农民集体成员以户为单位取得土地承包权是其行使成员权的结果（管洪彦、孔祥智，2017）。简言之，享有农民集体成员权是农户取得土地承包权的基础性原因。在农户的土地承包经营权不发生流转的情形下，农户的土地承包权的法律地位与土地承包经营权的法律地位相同。

作为农户的一项重要的土地财产权，土地承包权在实践中遇到的主要问题是其法律地位可能遭受侵害。其表现之一是，目前农民集体成员权制度的基本规则尚未建立，特别是农民集体成员的撤销权缺乏有效的行使机制，一些情形下的土地承包经营权流转违反农户自愿原则，将导致稳定农户土地承包权的政策目标落空。

稳定农户土地承包权的法律地位要坚持土地承包关系长久不变。其法理意义是，农户取得承包地时具有承包资格并参与土地分配的家庭成员即为农民集体成员，享有土地承包权。稳定农户土地承包权指的是维护和保障农民集体成员以户为单位初始取得集体所有的承包土地的权利。维护和保障这一权利的现实意义在于，在将来较长一段时期内，家庭承包经营的基础性地位应予维持，以坚持和完善家庭承包经营为基础、统分结合的农村基本经营制度。

3. 土地经营权的内涵和形态

为应对农户非农兼业化和农村劳动力外流而给土地经营带来的负面影响，推动和促进农户以家庭承包方式取得的承包地的适度规模经营，创新农地经营制度，建立土地经营权制度成为稳定和完善农村基本经营制度的现实选择。

土地经营权制度的建立，有利于按照市场交易规律配置土地资源（王亚华，2017）。土地经营权的法理意义是：农户将其基于成员权而初始取得的集体所有的承包地的占有、使用和收益的权能的全部或部分渡于他人，受让人取得经营农户承包地的权利。土地承包经营权流转后的受让人取得承包地后，独立地享有与其取得的权利相适应的各项权益，即土地经营权可以体现为不同的权利形态。尽管土地承包经营权的流转方式不同，但土地经营权的独立性不受其取得方式的影响。简言之，土地经营权是基于土地承包经营权流转而产生的一个法律后果。一方面，土地经营权的法律基础是土地承包经营权；另一方面，土地经营权设立后，在双方签订的合同有效期内，已成为一项脱离农民集体成员权的土地财产权，而不受其设立前的土地承包经营权的影响。

从稳定和完善农村基本经营制度考虑，对土地经营权与土地承包经营权之间关系的理解和解释，应将其置于土地承包经营权制度体系中。土地承包权和土地经营权分置不是对土地承包经营权的分解，土地承包经营权也不是土地承包权和土地经营权的相加。土地承包权和土地经营权分置的法理意义在于：农户的土地承包经营权既可以由其自己持有，也可以转于他人之手。在保障农户初始取得集体所有的承包地的基础上，根据依法、自愿、有偿原则，推动土地承包经营权流转，进而建立土地经营权制度。

综上所述，实施"三权分置"的法律意义主要体现为土地集体所有权、农户土地承包权和土地经营权的法律地位是各自独立的，而且集体所有权、农户土地承包权和土地经营权的主体之间的法律地位是平等的，可各自行使和处分与其权能相适应的权利。

（三）　实施土地"三权分置"
难点的法理分析

以保障土地集体所有权的有效实现为前提，土地承包经营权发生流转会因流转方式的不同而产生不同的法律后果。土地承包经营权人以租赁（转包）的方式将承包地转于他人之手时，虽然丧失了对承包地的占有和使用，但享有相应的收益权，租赁期满后土地承包经营权恢复到出租（转包）前的状态。土地承包经营权人将土地承包经营权转让于他人，或将土地承包经营权入股、互换，在转让、入股、互换发生法律效力时，受让人受让了原来的土地承包经营权，受让人取得的权利已不同于农民集体成员以户为单位初始取得集体所有的承包地的权利。

上述性质不同的流转情形产生了诸多需要弄清的法律问题。其中争议较大的难点至少体现在以下三个方面：土地经营权的性质，农业经营主体的法律保护，以及土地权利登记与承包土地经营权抵押的局限性。

1. 土地经营权的性质

在推动土地适度规模经营的背景下，土地承包经营权流转导致的地权结构的变化主要体现为：在保障农民集体成员以户为单位初始取得集体所有的承包地的前提下，以自愿、有偿为基本原则的土地承包经营权流转因流转方式的不同而产生了不同的法律效果，进而产生了不同权利形态的土地经营权。澄清土地经营权属于用益物权还是租赁权的争议，是实施"三权分置"需要解决的一个难点。

实际上，将土地经营权定位为新型的用益物权或租赁权都有失偏颇（贾林青，2014；谢鸿飞，2016；普金霞，2015；李帆，2016）。对土地经营权性质的认识，应根据土地承包经营权流转的具体情形来判断，而不能预先设定一个单一标准。不区分土地承包经营权流转的具体形式，而一概将土地经营权界定为用益物权或租赁权，既可能侵害农户的承包经营权，也不利于准确界定土地承包经营权发生流转后土地经营权的权能。对土地经营权的性质的认识，应从其取得方式及其法律后果来判断。

农用地的流转交易以农户承包土地经营权为主，

而不涉及所有权和承包权。① 农户承包地租赁是农户承包土地经营权交易的通行做法。以租赁方式实现农户承包权和土地经营权分置，其法律意义是：农户在保有其基于成员权而初始取得集体所有的承包土地的前提下，以出租方式将承包地的占有、使用的权能让渡于承租人，取得与承租人约定的收益，在租赁期限届满后由自己持有和经营承包地，也可以续租，或进行其他处分。在农户将其土地承包经营权出租（转包）的情形下，受让人取得的土地经营权是租赁权，而不是用益物权，承租人以此方式取得的土地经营权主要由不动产租赁法律规则来调整。租金的计算可以采取不同方式，既可约定现金计租，也可约定实物计租。从当前农户承包地租赁的实践看，农户一般倾向于采用实物计租的方式，即以当地当年主要农作物的市场指导价为标准计算租金。

土地承包经营权租赁产生债权效力。在此情形下，农户的土地承包权和承租人的土地经营权并存，承租人取得的土地经营权受租赁法律规则的调整。土地承包经营权租赁机制的有效性受多方面因素的影响。一方面，承租人以租赁方式取得土地经营权，往往希望有一个较长的租期，以便于长期投资和经营。

---

① 参见 2014 年 12 月国务院《关于引导农村产权流转交易市场健康发展的意见》（国办发〔2014〕71 号）。

另一方面，短期租赁在实践中普遍存在。一般情况下，当农户采取一年一租等短期租赁的方式出租土地时，承租人对租赁经营缺乏稳定的预期，影响了其中长期投资，可能导致对土地的掠夺性经营。不过，实践也表明，即使在租赁期限较长的情形下，当地租和人工成本在经营成本中所占比例较高或经营不善而亏损时，承租人往往会选择解除租赁合同，或放弃经营，或到地租偏低的地方承租土地，其后果是出租土地的农户的期待收益无法实现。① 实践中出现的一个问题不是农户违约收回承包地，而是经营权人擅自毁约（高海，2016）。

有关土地承包经营权租赁期限的法律规则将会因土地承包政策的变化而变化。农户与承租人约定的租赁期限可以是二轮承包的剩余期限，但实践中有些租赁合同约定的期限却超过了二轮承包的剩余期限，如有的租赁合同约定的租赁期限为三十年。这意味着，租赁合同约定的租赁期限超过二轮承包的剩余期限的部分无效，这将会产生租赁合同部分无效的法律后果。党的十九大报告提出："保持土地承包关系稳定并长久

---

① 这一判断乃基于笔者的多次调研。如专业大户承租土地种植西瓜，租期一般是一个种植季节，而且在种植过程中倾向于滥施农药。又如，某承租人与农户签订租种大面积土地的长期租赁合同，但由于成本太高，连续两年未向农户支付租金。承租人与农户解除租赁合同后，选择到地租偏低的地区重新承租土地。

不变，第二轮土地承包到期后再延长三十年。"二轮承包到期后延包政策的法律化，为解决租赁期限问题提供了可能。当事人在租赁合同中可以约定租赁期限届满后承租人的优先承租权。租赁期限的长短不会改变租赁权的法律性质。对土地经营权的性质的判断，以该项权利设立后的法律后果为基础。另外，在当事人因租赁期限发生争端时，应根据具体情况对其交易性质做出判断，而不是拘泥于字面文义，如名为租赁实为转让。

土地承包经营权出租（转包）是土地承包经营权流转的主要方式，但在土地承包经营权制度实践中，转让、入股、互换也是土地承包经营权流转的常见方式。由这些交易方式而形成的土地经营权，其性质与土地承包经营权出租（转包）不同。在农户将其土地承包经营权转让的情形下，土地经营权是基于土地承包经营权转让而设定的用益物权（蔡立东、姜楠，2017）。在土地经营权具有物权效力的情形下，它取代了原土地承包经营权的法律地位，农户的土地承包经营权消灭。① 农户土地承包经营权消灭的法律后果之一是，农户不再享有基于其成员权而初始取得集体所有

---

① 可将农户土地承包经营权的退出视为土地承包经营权转让的特殊情形，它同样产生土地承包经营权消灭的法律后果，但土地承包经营权的退出不在本文的讨论范围之内。

的承包土地的权利。土地承包经营权互换同样产生农户土地承包经营权消灭的法律效果。具有物权效力的土地经营权的取得，不以农民集体成员权为前提，而以物权行为为基础。土地承包经营权入股，其法律后果需从股权的性质来衡量。

综上所述，根据取得方式的不同，土地经营权可以体现为不同的权利形态。在土地经营权性质认识上非此即彼的观点，忽视了土地经营权取得原因的多样性，可能导致其权利形态的单一化。不区分土地承包经营权的交易方式，而将土地经营权一概视为用益物权，既缺乏法理依据，也与实践中的一些做法不相符合。一方面，土地经营权的法律效力越强，期限越长，越利于保障经营权人的收益（温世扬、张永兵，2014）。另一方面，由于用益物权是对世权而具有较强的对抗效力，将土地经营权一概视为用益物权，可能导致土地经营权一权独大，农户土地承包经营权的法律地位受到削弱。在一些情形下，土地经营权人乐于采用期限较短的租赁方式。农户将其承包地出租而形成的土地经营权属于租赁权的范畴，无须通过用益物权的法律规则来调整。

土地承包经营权流转实践中的一种做法是土地信托的兴起。推动土地信托的方式，一是基层政府设立土地信托投资机构，农户将其土地承包经营权委托给土地信托投资机构，再由土地信托投资机构与农业经营者以租赁形式开展土地信托（瞿理铜，2012；殷勇，2012年）；二是在基层政府的推动下，农户将其土地承包经营权委托给信托机构管理，信托机构再委托第三方经营土地，农户在信托期限内收取固定收益和增值收益（高晓芹，2015；陈志、梁伟亮，2016）；三是农户成立土地股份合作社，由土地股份合作社将土地信托给信托机构，再由信托机构将土地流转给农业专业合作社经营，农户收取固定收益和增值收益（李停，2017）。根据信托法的一般理论，设立信托属于处分行为，委托人把农户的土地承包经营权转移给受托人。从法理上讲，土地承包经营权作为信托财产具有合法性和可行性（中国人民大学信托与基金研究所，2017），但在相关法律没有修改的情况下，土地信托的法律基础尚未得到解决。在上述土地信托机制中，委托人除收益外不享有其他权利，经营者取得土地经营权后对其行为也没有特别限制，由此导致财产权利结构不清晰。另外，由于金融资本和专业农业管理公司的参与，如果信托化安排不能使农地的产出效率满足利益相关方的预期回报，上述土地信托模式在实践中是否具有推广价值需要考虑。

土地承包经营权流转的实质是土地权利的移转。实际上，土地承包经营权流转是推动土地适度规模经营的重要方式，但通过非流转的方式仍然可以形成土地适度规模经营。实践表明，通过提供农业生产性服务同样可以达到规模经营的效果（刘向东、尤新潮、陈锦龙等，2014；周娟，2017）。联耕联种、代耕代种、土地托管成为一些农业经营主体乐于选择的经营方式，而且这些经营方式得到了政策的支持。① 这些经营方式的兴起，可以提高生产效率，促进专业化分工，但不涉及地权的移转。

2. 多元化的农业经营主体的法律保护

近年来，土地流转面积呈现逐年增加的趋势。② 目前，占耕地总面积三分之一的家庭承包经营耕地已发生流转（韩长赋，2016；张红宇，2017）。这意味着，这部分家庭承包经营耕地的占有权和使用权已从承包农户之手流入其他农业经营主体之手。这既保障了农户的土地承包经营权，也表明了土地适度规模经营格局初步形成。

---

① 参见 2017 年 8 月农业部、国家发展改革委、财政部《关于加快发展农业生产性服务业的指导意见》（农经发［2017］6 号）；2017 年 9 月《农业部办公厅关于大力推进农业生产托管的指导意见》（农办经［2017］19 号）。

② 2010—2014 年，土地流转面积分别为 1.87 亿亩、2.28 亿亩、2.78 亿亩、3.41 亿亩和 4.03 亿亩，土地流转面积占经营耕地面积的比例分别为 14.7%、17.8%、21.7%、25.7% 和 30.4%（土地流转面积数据来源于农村土地网，网址 http://www.nctudi.com/news_show.php/id - 49386）。

土地适度规模经营格局初步形成的一个后果是农业经营主体的多元化。家庭农场、专业大户、土地股份合作社、农业企业等经营主体的数量已达到一定规模。例如，到 2015 年 6 月底，县级以上农业部门认定的家庭农场达 24 万个（农业部经管总站体系与信息处，2015）。到 2016 年底，家庭农场已达 87.7 万个（张红宇，2017）。工商资本进入农业后，大规模或较大规模的农地经营已成为重要的农地经营方式。为促进农业产业化发展，规范农业产业化龙头企业成为一项重要的农业政策。①

农业经营主体多元化建构面临一些问题需要解决。其中较为突出的问题是：因经营收益无法保障，土地股份合作社建设难以顺利推进；专业合作社的组织结构与其他经济组织特别是有限责任公司之间缺乏必要的区分；专业大户如何界定有待制订基本规则，特别是专业大户是一类独立的经营主体还是包含若干类型，也缺乏明确的划分标准；家庭农场和其他主体混同，如同一主体以家庭农场和有限责任公司的不同面目出现参与市场交易。农业经营主体制度建设面临的问题，可能主要在于人们对不同性质的经济组织的结构及其

---

① 参见 2012 年 3 月《国务院关于支持农业产业化龙头企业发展的意见》（国发〔2012〕10 号）。为规范和监测农业产业化龙头企业，农业部多次公布了全国各省份龙头企业名单，并于 2010 年 9 月制定了《农业产业化重点龙头企业认定和运行监测管理办法》。

相应的主体责任缺乏必要的认识，其原因也在于一些经营主体可能利用扶持政策（如支持合作社、发展家庭农场）"搭便车"。

但总体上看，农户在其承包地上自耕自营仍然是当前农业生产的主流。据统计，到 2016 年底，全国拥有承包地的 2.3 亿农户中，有近 7000 万农户将其承包地的经营权部分或者全部移转（张红宇，2017）。这意味着，仍有超过三分之二的农户在其承包地上自耕自营。因此，农户是农业经营主体的主要组成部分。面对这一农业经营格局，需对农业现代化有一个客观的认识。其实，农业生产的现代化不能仅从土地规模经营程度来衡量。以日本为例，其农业生产具有超小规模和兼业化等特点，但日本政府通过完善和创新现代农业生产制度、经营制度、组织制度、农村金融制度、农业灾害保险制度和农村社会保障制度等，实现了农业现代化、农民增收等政策目标（曹斌，2017）。鉴于此，农业经营主体多元化的构建，仍然需立足于保护小农，进而在此基础上完善农业经营主体制度。这是"三权分置"背景下重建家庭承包经营制度的一个基本出发点。

3. 土地权利登记与承包土地经营权抵押的局限性

土地承包经营权登记是推行"三权分置"的一项

基础性工作，但从目前土地承包经营权登记的推进情况看，确权颁证遇到了与现行制度相冲突或不好操作等问题（张晓山，2015），需探索切实可行的操作办法。

由于对土地经营权性质的认识存在分歧，对是否应当颁发土地经营权证，人们的认识不统一，因而在实践中也就有了不同的做法，如有的地方给土地经营权人颁发土地经营权证，而有的地方则向土地经营权人出具流转交易鉴证书或备案证明。

法律规定以家庭承包方式取得的土地承包经营权不得抵押，[①] 但承包土地经营权抵押在一些地方已开始试行。[②] 承包土地的经营权抵押，指的是承包农户或农业经营主体以承包土地的经营权抵押，向银行业金融机构贷款，并在约定期限内还本付息。[③] 在一般情况下，由于所抵押的是承包土地经营权的经营收益，银行提供的贷款额度不会太大。以经营收益抵押融资时，基层政府和农村集体组织往往扮演隐形担保人和保险者的角色。如为促进抵押融资，基层政府成立担保公

---

① 参见《物权法》第 184 条，《担保法》第 37 条。

② 参见 2015 年 12 月 27 日《全国人大常委会关于授权国务院在北京市大兴区等 232 个试点县（市、区）、天津市蓟县等 59 个试点县（市、区）行政区域分别暂时调整实施有关法律规定的决定》。根据该决定，在试点地区，允许以承包土地的经营权抵押贷款。

③ 参见 2016 年 3 月中国人民银行、银监会、保监会、财政部、农业部《农村承包土地的经营权抵押贷款试点暂行办法》第 2 条。

司（邵挺，2015）。问题在于，在基层政府的参与下，以承包地经营权的经营收益抵押融资机制的运行，将会增加交易成本。同时，在经营者的经营期限较短或经营收益不高的情况下，金融机构为规避风险会缺乏为经营者提供融资的动力。[①]

在农户自营承包地的情形下，农户可以以承包地的经营收益抵押融资。当农户不能履行到期债务时，可以通过强制管理的方式实现抵押权（高圣平，2014）。但以小规模的农户承包地的经营收益抵押，其在实践中的可操作性和有效性有待进一步观察。这是由于农户承包地的规模较小，收益也较少，以强制管理方式实现抵押权会增加抵押融资的交易成本，此情形下金融机构同样缺乏为农户融资的动力。

就上述土地信托而言，受托人（主要是信托公司）能否通过抵押土地权利来融资，以及如果土地产出不足以清偿信托债务，受托人能否处分土地权利给债权人等问题，在制度安排以及其实践中尚未得到解决。另外，抵押标的的单一化也不能满足实践的需要。以承包地的经营收益抵押融资，为经营者改善经营条件

---

① 笔者在调研中了解到的以土地经营权的经营收益抵押的案例表明，以经营收益抵押融资，在经营收益较低或存在风险的时候，如果地上附着物具有较高的经济价值，金融机构会选择以地上附着物为抵押物。虽然这种做法可以较好地保障抵押权的实现，但却偏离了以经营收益抵押的政策。

提供了可能。但抵押标的的单一化可能会影响承包土地经营权抵押融资政策的实施效果。承包地的经营收益是一种收益权，这种收益权在担保体系中属于何种类型，将其作为抵押标的是否恰当，也有待明确。

（四）农户承包土地权利制度的更新

为贯彻《宪法》关于家庭承包经营是农村基本经营制度的基础这一基本原则，有效推动"三权分置"，农户承包土地权利制度应当顺应社会经济条件的变化予以更新，以建立既能满足实践需要，又具有科学法理基础的家庭承包经营制度。

1. 重建农户承包土地的集体所有权行使规则

以户籍为主要标准的农民集体成员权取得规则，已不适应当前社会经济条件的急剧变化，在实践中也缺乏可操作性。为落实农户承包土地的集体所有权，应当明确农民集体成员权的取得和丧失规则，更新农民集体所有权和农民集体成员权的行使规则。

为贯彻《物权法》关于农民集体所有权和农民集体成员权的规定，需明确农户承包土地的农民集体成员权取得和消灭的基本规则。其主要内容是：在实施二轮承包时具有取得承包地资格的人，享有承包土地的农民集体成员权以及依法行使承包土地的集体所有权的权利。农民集体成员基本走向是固化，此后不再变更。农民集体成员行使（处分）其基于成员权的财产权时，不同的法律行为将产生不同的法律后果，进而适用不同的财产权规则，以实现农户承包土地权利结构的明晰。为保障农民集体成员的撤销权，代行集体所有权的集体组织在行使集体所有权时，应取得农民集体三分之二以上成员的授权，并依据代理规则承担相应的法律后果，以完善主体责任制度。

2. 重建农户土地承包经营权实现机制

为贯彻家庭承包经营是农村基本经营制度的基础这一基本原则，同时为适应家庭承包经营形态的多元化，应重建土地承包经营权制度，更新土地承包经营权实现机制。具体而言，将来较长一段时期内，以家庭为基本单位的农业生产经营仍然是农业生产经营的主流，家庭承包经营的基础性地位应予维持。其法律含义是：农民集体成员以户为单位取得土地承包经营权后，享有耕作和依法处分的权利。农民集体成员取得的土地承包经营权属于用益物权，其行使或处分由用益物权规则来调整。

维护二轮承包的稳定性，以有效实施"增人不增地，减人不减地"规则。二轮承包到期后农民集体内部的人地比例失衡问题，应通过土地承包经营权流转机制和劳动力转移来解决，而不应采取土地再分配的办法，以实现土地承包关系长久不变。为贯彻"保持土地承包关系稳定并长久不变，第二轮土地承包到期后再延长三十年"的政策，落实《农村土地承包法》关于土地承包期限的规定，制定具有可操作性的土地延包办法。

鉴于实践中农地租赁市场已具有开放性，应建立统一的土地承包经营权租赁机制。同时，由于农用地的流转交易以农户承包地的经营权为主，建立土地经营权制度的出发点是调整土地承包经营权和土地经营权之间的关系，完善因土地承包经营权租赁而形成的土地经营权制度，以维护农村基本经营制度的基础和土地承包经营权法律制度的稳定性。

在实践中，农户承包土地经营权因取得原因的不同而具有不同的权利形态，在完善以租赁为主的土地经营权制度时，探索建立用益物权性质的土地经营权制度，并在相关法律修改时予以体现。农户转让其土地承包经营权，其土地承包经营权消灭，受让人取得土地经营权。此情形下土地经营权的取得原因不是农民集体成员权，而是土地承包经营权人的转让行为。农户转让其土地承包经营权后，其基于成员权而初始取得的承包权消灭，不能再次以成员权为由，主张取得集体所有的承包地的权利。土地承包经营权转让属于物权处分的法律行为。土地承包经营权的互换产生与土地承包经营权转让相同的法律效果。土地承包经营权入股而形成的土地经营权应根据股权的法律规则来规制。因上述情形而形成的土地经营权，与农户的土地承包经营权具有同等的法律地位。

对承包土地的经营权抵押在担保融资制度中的地位，应从承包土地的经营权的性质来判断。在承包土地由农户自营或承包地出租而形成土地经营权的情形下，土地经营权抵押实质上是债权质押（宋志红，2016），即以经营收益质押。在承包农户将其土地承包经营权转让、入股、互换的情形下，受让人取得的土地经营权为用益物权，其抵押适用抵押的一般规则。由于土地承包经营权抵押的禁止性条款在试点地区已暂停实施，而且这些禁止性条款违背了市场交易的基本要求，因此，应在总结试点经验的基础上，探索建立因土地承包经营权转让、入股、互换而产生的土地经营权抵押机制。

在不动产登记制度较为完备的情况下，土地经营权登记具有可操作性。土地经营权登记，应根据其权利性质的不同而采取不同的形式。对因土地承包经营权租赁而形成的土地经营权的登记，不宜颁发土地经营权证，而可在农户土地承包经营权证上记载相应内容，土地经营权人可以此办理经营收益质押。对因土地承包经营权转让、入股、互换而产生的土地经营权，其性质与农户土地承包经营权的性质相同，颁发土地经营权证，但应注明该项权利的来源，以保障土地经营权人的合法权益。同时，土地经营权登记应采取登记生效主义。

另外，土地承包经营权的继承在符合基本法理、适应农村社会经济条件的需要的情况下（陈甦，2016），应当得到承认。

3. 完善农业经营主体制度

不同类型的农业经营主体参与市场交易，应符合关于市场交易主体的一般法律规则。财产权主体制度和经济组织的基本原则适用于土地承包经营权人和土地经营权人。一方面，农户是农业经营主体的重要组成部分，而不应将其排斥于农业经营主体之外。以农户为主体的农业经营制度的完善，应立足于制度创新，以达保障农户权益的目的，实现其农业经营的现代化。另一方面，土地经营权人可以体现为不同的主体结构或形态。新型农业经营主体、新农人等说法表达的是土地经营方式或土地经营权主体身份的变化，而不能表明需另行创设土地经营权主体制度，使其有别于与其组织结构相同或相似的其他主体。

鉴于实践中农业经营主体类型的划分缺乏科学、统一的标准，应根据财产权主体制度和设立经济组织的基本要求，区分不同类型的农业经营主体，避免不同性质和组织结构的农业经营主体混同，以明确其责任能力，建立与其组织形式相适应的责任能力制度。

4. 农户承包土地管制的实现途径

农地管制与地权行使的法理基础不同，其规则的性质和内涵也不同。因此，不宜将农户承包土地的管制与集体所有权的行使相混同。农户承包土地的管制，既可由土地管理部门实施，也可由其他主体实施。农民集体组织对农户承包土地的监管，应从土地管制机制和当事人约定的视角来开展。

为应对土地经营权交易风险、土地经营的准入资格、土地经营规模的上限等，都需要通过立法来解决。不同的土地经营方式和经营目标对土地经营规模的要求不同，因而需要制定差别化的标准。对于大规模或较大规模的土地承包经营权流转，应建立具有可操作性的风险评估机制和风险防范机制。风险评估机制中应引入第三方评估，以保证评估的中立性和客观性。在风险评估的基础上，进一步完善风险准备金制度，以避免可能发生的地权争端和社会冲突。

为稳定和完善农村基本经营制度，家庭承包经营方式应顺应社会经济条件的变化不断创新，重建农户承包土地的权利体系。"三权分置"的实施以及农户土地承包期限的顺延为此提供了法律和政策基础。实施"三权分置"的法律意义主要体现为集体所有权、农户土地承包权和土地经营权的法律地位各自独立，而且各权利主体的法律地位平等，各主体可行使和处分与其权能相适应的权利。通过有效实施"三权分置"，土地承包经营权行使机制得到完善，农户承包土地的权利结构更加合理。

为有效实施"三权分置"，建立与农户土地承包期限顺延相适应的土地承包经营权制度，农户承包土地权利体系的构建应立足于坚持和维护家庭承包经营在农村基本经营制度中的基础性地位，完善以农民集体成员权为基础的农户承包土地的集体所有权的有效实现形式，建立以土地经营权租赁为主、兼顾其他形式的土地承包经营权交易机制，不断完善立足于小农户生产经营现代化的多元化的农业经营主体制度。

四　促进小农户与现代农业有机衔接的实践探索：重庆梁平例证

（一）小农户需要多模式的社会化服务组织

如何实现小农户和现代农业发展的有机衔接，一些专家学者分析认为，要加快构建以公共服务机构为依托、合作经济组织为基础、龙头企业为骨干、其他社会力量为补充，公益性服务和经营性服务相结合、专项服务和综合服务相协调的新型农业社会化服务体系（蒋永穆、刘虔，2018）。坚持主体多元化、服务专业化、运行市场化方向，通过机制创新、主体培育、领域拓展和区域协调，形成公共性服务、合作型服务、市场化服务有机结合、整体协调、全面发展的新型农业社会化服务体系（高强、孔祥智，2013）。发展集体土地股份合作制组织、土地托管服务组织、农户合作购销组织、粮食银行、农户合作金融组织等农业社会化服务组织（仝志辉、侯宏伟，2015）。发展农业生产性服务业，解决农民老弱化背景下小规模兼业农户发展现代农业"干不动""干不好""干得不经济"的问题，缓解小规模兼业农户与发展现代农业的矛盾（姜长云，2016）。还有学者指出，近年来已经涌现出一大批多类型的新型农业服务主体，为广大小农户和新型农业经营主体提供各种专业化生产经营服务，可以分为以农机、植保、水利等服务型农民专业合作社为代表的合作服务型、各类市场化农业专业服务组织为代表的企业服务型，以及大专院校、科研单位或科技人员通过产学研、农科教相结合等方式成立的农业科技服务型三种类型（苑鹏、张瑞娟，2016）。总之，发展生产性服务业，建设规模化、专业化、社会化的农业全产业链服务体系，是实现小农户与现代农业发展有机衔接及在小农基础上实现我国农业现代化的有效之路。作为全国 58 个农村改革试验区之一的重庆市梁平区，在此方面进行了有益探索，成效初显，值得关注。

梁平是重庆的传统农业大县，水稻、梁平柚等特色产业优势突出，素有"小天府"之称，全区农村土地承包总面积 97.02 万亩，人均耕地面积仅 1.04 亩，且地块细碎化。近些年来，随着外出务工和进城农民的增加，务农人员老龄化严重，据当地政府部门的初步统计，务农劳动力平均年龄达到了 58.7 岁，"种地难"种"懒汉地"和耕地撂荒等问题日渐突出。针对此，梁平区以深化承包地制度改革和创新新型农业经营主体为动力，围绕当地水稻、柚子产业特色及农户的不同需求，探索出多途径分类引导粮食兼业小农户、专业果农及离地农户等不同类型小农户与现代农业建设对接的模式，其发展经验在传统农区具有可推广性。

（二）不同类型小农户与现代农业的多模式衔接

1. 支持发展专业化服务组织，为粮食兼业小农户提供全程社会化服务

针对当地青壮劳力大量外出、留守老人虽无力耕种承包地，但现阶段不肯将土地流转出去，而农业用工价格越来越高等突出问题，梁平区自 2015 年起开始实施农业社会化服务支撑工程，梁平县农业委员会、梁平县财政局专门制定了《梁平县 2015 年农业生产全程社会化服务试点实施方案》，大力支持发展农机合作社、农业生产服务公司等社会化服务组织，为兼业农户提供从耕、到种、到收的全程农业机械化服务，得到了广大小农户的积极响应。2015—2018 年三年来，

全区水稻的社会化服务面积从 22348 亩增加到 41670 亩，增长 86%，每亩为农民节本增效在数百元不等。

以屏锦镇万年村红银农机专业合作社为例，合作社领办人是本村人，长期在外经商，受当地政府政策的激励，夫妻二人于 2015 年返乡创业，将积累的几十万元用于购置农机具，获得政府 50% 的购置费补贴，并带动周边农机手带机入社，共同开展机耕、代育秧、机插秧、打药和机收等农业系列化服务。合作社的服务对象主要是周边分散、土地细碎的小农户，地方政府提供一定的服务费补贴，补助标准不超过该项目同期社会公允价格的 50%。近年合作社每年的农机作业面积在 1500—2000 亩之间，初步解决了当地农户因老龄化、兼业化带来的种"懒汉田"和土地撂荒问题，每亩降低农户的种田成本约 200 元左右。2017 年，合作社还利用收获期差异，组织农机手远赴黑龙江开展跨区作业，提高了农机利用率，反过来，进一步降低了本地作业的生产成本。

又如碧山镇清平村，据村里的妇女和老人户代表介绍，2017 年把自家的水稻托给农业服务公司全程管理，每亩只需支付 450 元。而以前自己请人或农机手耕种，每亩的直接成本大概是 620 元左右，其中耕地 100 元，插秧 110 元，收割 80 元，购买种子 130 元，化肥 100 元，农药（含施药）100 元，这还不包括平时的田间管理、除草等农活的劳动投入成本。相比之下,农民将水稻田托给公司全程管理,每亩可节约支出 200 多元,加之公司为托管的土地交了 4.5 元/亩的保险费,如出险最高可赔 300 元/亩,农民只负责秋后将晒干的稻谷运回家,他们反映,"省心、省力、省钱"。为农户提供服务的这家农业公司由返乡创业 80 后青年创办,为培育客户群体,他们将政府 190 元/亩的水稻社会化服务补贴全部让利农民,2017 年当年公司的土地托管面积超过 2000 亩。另据当地有劳动能力但无法在外就业的村民反映,相比将承包地流转给龙头企业、合作社等规模化经营主体,他们更愿意通过购买社会化服务来保持自己经营,既可以避免规模化经营主体出现经营不善就跑路的风险,又可以避免土地流转后自己找不到其他事做的问题。从地方政府角度看,它不仅初步解决了兼业农户、留守老人如何继续开展家庭粮食生产问题,较大提升了当地粮食生产的机械化水平和产业发展效益,而且农业生产经营家庭化、服务社会化的兼业小农粮食生产之路,保障了农地农用、粮田种粮,在一定程度上提升了国家粮食安全保障水平。

2. 支持发展专业合作社和农产品行业协会,为广大果农提供全产业链社会化服务

梁平是国家林业局授予的"中国梁平柚之乡",梁

平柚是农业部首批登记的 28 个农产品地理标识之一，也是梁平果农增收的支柱产业。近年，为提升梁平柚品质、降低生产管理成本、拓宽市场销路，梁平区大力支持发展梁平柚专业合作社、梁平柚协会等社会化服务组织，围绕梁平柚生产经营的各个环节开展社会化服务，取得了积极成效。全区梁平柚的社会化服务面积从 2015 年的 1.25 万亩增加到 2017 年的 2.05 万亩，增长 64%。社会化服务试点区梁平柚单果均增重 0.1 公斤，每亩增产 400 公斤，每公斤售价提高 1.2 元，亩均增收近 1000 元以上。

以梁平柚发源地合兴镇龙滩村为例，本村的某农民技术能手 20 年前牵头成立柚子合作社，在当地政府的支持引导下，这些年来坚持从两个方面不断提升果农竞争力。一是改进生产技术，提升产品品质。针对果农为抢销售季节，盲目早采、滥用化肥，导致柚子变味、市场萎缩等问题，合作社积极引导农户改施农家肥，严格控制采摘季节，同时大力改良种植技术，研发出柚子芽片改良腹接新技术，到 2018 年，在当地免费累计推广优质柚树苗 500 多万株，从根本上保证了当地梁平柚品质。同时，合作社常年请专家、教授对柚农进行技术培训，近几年来柚农基本掌握了标准化种植技术。二是构建营销网络，拓展市场空间。早在 2005 年，该合作社牵头组织全区七个乡镇的柚子种植专业合作社成立了梁平龙滩柚协会，发展 400 余人的个体销售户队伍，在全国各地设立梁平柚直销点，并利用各种国际、国内大型展会、举办柚子节等宣传梁平柚，推进梁平柚的规模化、标准化营销，争夺市场定价权。2011 年，合作社启动淘宝等电商平台的销售。2015 年，合作社开通微商销售。2016 年，合作社"双桂"牌梁平柚被评为重庆市著名商标、重庆市名牌农产品，售价 15 元一斤，成为"网红"水果，合作社 3500 吨柚子，实现产值 5000 多万元，并推动全区柚子的标准化生产和品牌化营销上了一个新台阶。在此过程中，当地政府按照相关政策，对梁平柚机耕、施肥、统防、修枝、销售五个环节开展的社会化服务给予了相应补贴。

梁平柚作为梁平的特色优势农产品，其生产管理的专业性很强，技术要求较高，产品销售面临的市场竞争压力较大，传统单家独户生产方式和小农经营模式很难适应产业技术升级要求和市场竞争要求。农民合作社、产业协会在当地政府的大力支持下，围绕柚子的品种改良、生产管理、品牌打造、市场营销全产业链开展社会化服务，有力提升了产品品质，节约了生产管理成本，扩大了品牌影响，增强了市场竞争力，为从事特色效益农业生产的专业小农户有效对接现代农业探索出了一条可行路径。

3. 支持发展土地流转服务股份合作社，发展规模化经营，加速离地小农户的退出

为确保国家粮食安全，妥善解决举家外出农户越来越多、撂荒农田面积越来越大的问题，梁平区以农村改革试验区先行先试为契机，出台了农村承包土地经营权流转、管理办法等文件，通过颁发农村集体土地所有权证、农村土地承包经营权证和农村土地经营权证等，初步搭建土地流转市场交易体系，推动承包土地经营权流转和发展适度规模经营，确保转产就业农户的农村土地承包经营权"流得出、转得进、稳得住"。到 2018 年，全区土地流转总面积 49.4 万亩，流转率 51.2%。实现土地规模经营面积 39.58 万亩，土地规模集中度 41.6%，比 2014 年末提高了 13 个百分点。

以金带镇石燕村为例，该村地处城郊，全村 730 户、2328 人，耕地面积 3000 亩。村里青壮劳动力大多举家外出、务农人员老龄化，加之土地细碎化严重，农民种地难问题突出。如课题组访谈的一对夫妻，年过半百，耕种了村里外出打工亲友的 40 亩田地，地块上百块，机器进不去，靠人工插秧，劳动强度大，难以为继。2017 年底，在地方政府的支持下，村两委牵头成立全区第一家土地流转服务股份合作社，入股土地 1860.45 亩，入社农户以村民小组二轮承包土地为

准，经过全村上下四轮大讨论、召开 20 多次小型会议，确定了农民按全组土地承包人口平均入股，以体现公平原则。那些私自开发集体田边、田沟地的农户一律退出多占的土地，占用承包地建房和建坟的农户要在入股的承包地面积中减去相应的面积，而不愿加入的农户按照应获承包地面积由村集体统一调地。合作社将农民入股的承包土地统一开展土地整治，降低坡度、小田变大田、集中连片，而后公开竞标，流转给业主经营，尚未流转出的土地则由原承包户继续使用。合作社的纯收入实行两次分红制，第一次按保底租金进行分红，对象为第二轮土地承包人口。第二次分红资金来源主要为土地流转中介与管理费、土地整理后新增的租金收入等，对象为村集体产权制度改革量化确权时确认的全村集体经济组织成员。土地流转服务合作社与深化土地制度改革、确地确权联系在一起，不仅促进了土地的规模化经营，而且有效化解了长期以来存在的承包地占用不公、积怨深等矛盾，得到了绝大多数村民的欢迎。

　　20 世纪 80 年代，在有着极大农村人口红利的情况下，通过实施家庭联产承包经营制，实行大包干，激发了农民的热情，解决了农民的温饱问题。现今，在依靠家庭承包地已无法致富奔小康的情况下，绝对多数农民放弃承包地走上非农化发展之路已是不争的事实，在一部分农户举家外出，彻底离农的情况下，在坚持农户承包权的基础上，引导离地的农户流转出土地，让部分农民通过流转等方式取得更多土地而成为职业农民也是发展现代农业的一种重要发展方式。梁平区通过建立土地流转股份合作社的形式将农户的承包土地集中起来进行土地整治，再以公开招标方式流转给业主经营，与过去单家独户与业主签订土地流转合同相比，能较大程度节约土地流转双方的谈判成本、签约成本，能更有力保障合同的履行，也更有利于土地的连片规模化经营，无论是对于保障农户的承包权还是对于实现农业生产方式的转型升级和提升农业生产能力，都是有价值的制度创新。

4. 支持发展劳务股份合作社，实现新型农业经营主体和离土劳动力就业的双赢

随着农村土地流转和规模化经营水平的提升，农业生产经营过程中的雇工现象成为新常态。但受农村社会保险不完善、农业劳动监督难、农民缺乏契约精神等因素影响，农业新型经营业主雇工贵、用工难问题越来越突出，而土地流转后的大量农村留守老人又面临无活可干的窘境。对此，重庆梁平区在推进农村改革过程中创新发展劳务股份合作社，为当地业主和农村留守农民提供劳务中介及后续管理服务，着力破解"企业、业主找不到人干活，农民又找不到活干"问题，取得了多方共赢、多方满意的积极成效。

梁平区金带镇仁和村、双桂村是双桂田园综合体一期项目所在地，为解决推进项目建设过程中劳务用工问题，2017年底，金带镇政府引导仁和村、双桂村由各村集体经济组织牵头，联合组建了金带镇劳务股份合作社，本地65周岁以下有劳动能力和就业意愿的农民，经本人申请、直系亲属书面同意均可入社，按照本人特长、意愿与市场需求，合作社将入社成员分成保洁、保安、绿化、物业、餐饮、农事、建筑等工队，并统一制定工作规则与劳动纪律；合作社实行统一对外派工与用工管理、监督，代表成员与用工方谈判用工价格、结算工资，并收取用工方10%—20%的佣金和管理费等。如合作社与当地一家保洁公司按每人每月1700元结算，其中1500元作为保洁人员工资，200元作为合作社收入，合作社提取10%即20元用于支付管理人员工资。为化解业主用工风险，合作社制定实施了三项创新性举措：一是为适龄人员买社会保险，超龄人员买商业意外险，每人每年保费1000元，保额包含50万元身故、10万元重大疾病和一定比例的伤残；二是按不高于利润10%的比例提取风险基金，用于合作社运营中遭遇重大经济损失；三是各个工队成立自治会，进行自我教育、自我约束，出现意外事故时内部自行化解，避免无理取闹与上访。在收益分配方面，按照合作社的章程，合作社取得的总收入，扣除成本及提取公积金、公益金、风险基金后，全部用于分红，各村的分红总额按各村集体经济组织成员在合作社的劳务收入所占比例计算分配，各村分别对本村集体经济组织全体成员分红。截至 2018 年 3 月底，劳务股份合作社共有入社农民 652 人，实际用工 61433 天，取得劳务收入 500 多万元。

梁平区金带镇通过成立劳务股份合作社，集劳务中介、劳务派遣及后续社会化服务于一体，畅通了农村劳务渠道，增强了行业自律，较好化解了业主的潜在劳务用工风险，让老龄农民、贫困农民也能参与到农业发展和乡村振兴当中，有效提高了农村要素资源的利用率，我们在调查中发现，不仅农民满意，而且业主高兴、政府安心，有利于增加农村集体收入和实现共同富裕，促进社会稳定，并且具有较强的推广效应。

（三）分类引导小农户与现代农业发展有机衔接

重庆梁平区在推进小农户与现代农业有机衔接方面探索出的四种典型模式，对我国传统农业区创新新型服务主体、完善农业社会化服务体系，推动以小农户为基础的现代农业发展有着积极的政策含义。

1. 政府应针对兼业小农户、专业小农户及离地农户的不同需求，引导创新不同类型的专业服务组织

党的十九大报告提出要实现小农户与现代农业发展的有机衔接。改革开放 40 年，虽然我国的基本农情没有变，超小农户仍然是基本经营主体，但农户群体分化严重、专业农户与兼业农户、在地农户与离地农户并存，因此在引导他们进入现代农业发展轨道时，应采取不同的方式。对于传统粮食生产地区，应尊重广大中老年农户不愿意放弃土地，要通过自我经营满足家庭粮食消费和自我劳动生活方式需求的特点，重点支持发展各类全程化农业社会化服务组织，通过政府给予一定比例（如30%—50%左右）的作业成本补贴，促进服务的规模化，带动提高小农户的土地利用率、土地生产率和劳动生产率，引导小农户与现代农业衔接。对于那些劳动—资本双密集、收入主要依赖农业的专业小农户，应在提升其生产经营能力、强化区域农产品品牌建设，以及提高农户市场谈判力等方面，加大社会化服务力度。而对于那些流转土地承包经营权、退出土地的农户，则通过乡村振兴、发展新产业新业态的契机，大力支持发展劳务服务组织，为

这些仍然有劳动能力和意愿的农民提供各种就业机会，在为用工方提供监督服务的同时，也代表农户维护他们的合法权益，让这些老弱农民在放弃自我经营农业的同时，实现劳动力的就业，增加其工资性收入。

2. 政府政策导向应坚持效率与公平兼顾原则

长期以来，我国农业政策是以提升农业竞争力、保障国家粮食安全为核心的产业型政策导向，随着我国现代化发展进入新时代，十九大报告提出"实现农业农村现代化"，意味着政府的农业农村政策导向应从原有的追求生产效率为主的产业型政策为主，转为产业型政策与社会型政策并重，进一步强化促进小农公平发展、缩小收入差距为导向的社会型政策，兼顾公平与效率。

具体地讲，政府在坚持培育新型农业经营主体、推进适度规模经营、提升农业生产经营效率、发挥新型经营主体对广大小农户带动作用的同时，应更加直接关注以兼业化、小规模为特点的广大小农户的前途命运，加速促进小农户参与到社会化大分工为特征的现代农业体系建设中来，带动他们向现代小农户转型升级，保证扶持政策的相对连续性和稳定性。我们在调查中发现，2018 年，梁平区根据财政部关于原则上财政补助占服务价格的比例不超过 30%，单季作物亩均补助规模不超过 100 元的标准，将全区水稻社会化服务补贴标准从去年的 190 元/每亩降到了今年的 80 元/亩，导致专业服务组织土地托管价格大幅度提升，一些地区的农业社会化服务面积明显下降。如我们前面提到的碧山镇清平村案例，据公司介绍，2018 年，他们为当地农民开展稻田托管的面积少了很多，主要原因是政府将服务费补贴从上年的 190 元/亩降到了今年的 80 元/亩，公司不得不将托管价格相应地提高，当地一些农民难以接受，退出了服务。在目前农业社会化服务仍处在推广初期的历史发展阶段下，我们建议应给地方政府更大的创新空间，只要地方财力允许，可以有一定的自由度，如上下浮动20%，同时遵循国际经验，严守各项补贴不超过50%的上限要求，以保证政策过度补贴带来的各种负面效应，维护广大小农户的利益，让基层农民和干部吃上定心丸。

3. 进一步强化职业化农业社会化服务队伍建设

加快发展农业社会化服务组织，完善农业社会化服务体系，既是实现小农户与现代农业有机衔接的有效路径，也是吸引农村青壮年劳动力、本地人才返乡创业、施展才华的重要领域。在我们实地调研的案例中，领办人以来自本地返乡创业的企业家人才为主体力量。因为农业社会服务既包括机耕、机种、机收等以体力劳动为主的服务，还包括品牌打造、市场推广、网上营销、金融信贷等具有较强专业性和技术性的服务，需要有专业知识、有市场营销经验、有经营管理能力的人才队伍带动。为有效吸引更多的农村人才充实到农业社会化服务队伍中来，国家及地方政府可从两个方面制定完善相关优惠政策：一是允许已参加城镇职工养老、医疗保险的农民工，在返乡参加农业社会化服务组织并开展社会化服务活动后，可继续参加城镇职工养老、医疗保险，条件较好的地方还可支持返乡创业农民工缴纳住房公积金，各地财政可视情况给予一定补助。二是建立农业职业经理人等专业职称评审制度，并与政府农业项目的金融扶持、财政扶持、人才培养等政策挂钩，向他们倾斜，培养一支农业职业经理人队伍，完善创业环境，增强返乡创业人员立足农业农村开展社会化服务的恒心。

五 日本推动小农户生产与现代农业发展衔接的经验与启示

在日本，小农是指以家庭经营为主体，不雇佣劳动力，也无余力从事其他工作的家庭农场（高冈熊雄，1915），是以获取劳动报酬为目的的农业经营者（横井时敬，1927）。日本是典型的以家庭经营为主体的小农国家，户均农地面积远远低于欧美发达国家。然而，在资源禀赋极其不利的条件下，日本政府根据社会经济发展情况及时调整农业政策方向，把发展现代农业作为目标，以推动小农生产与现代农业发展有机衔接作为手段，逐步实现了农业现代化和农民增收等多项政策目标。资料显示（晖峻众三，2011），早在20世纪60年代，日本农民收入已经超过社会平均水平，1968年农户年收入120.5万日元，超出社会平均收入9.7%。同时，农村生活水平快速提升，1975年彩色电视、冰箱、洗衣机三大件在农村的普及率分别是城市的 98.0%、100.1%、100%，与城市基本持平。另外，日本口粮自给率除个别年份，始终维持在 95% 以上的绝对安全水平。

本部分基于日本小农生产的特征，对日本政府将推动现代农业发展，增加农民收入的具体措施进行剖析，对其特点进行提炼，以期对我国制定相应的政策提供有效的经验和启示。

（一）日本农业生产的特点

日本统计上的农户被划分为"农家"和"持有农地的非农家"，其中，前者是指经营耕地面积超过 0.1 公顷或者年农产品销售金额超过 15 万日元以上的农户。后者是指耕地面积和撂荒面积合计不超过 0.05 公顷的农户。农户依据农业经营面积和销售金额等标准划分为销售农户和自给农户，专业农户和兼业农户（表 5-1）。不同经济发展阶段各类农户比例变化显著，呈现出以超小农经营为主，兼业化、副业化的发展趋势。

表 5-1　　　　　　　　　　　日本农户分类表

类型	定义
农户	普查时经营耕地面积超过 0.1 公顷或者农产品销售额超过 15 万日元的农户。

类型		定义
销售农户		经营耕地面积超过 0.3 公顷，或者年农产品销售金额超过 50 万日元的农户。
按经营收入比例等划分	主业农户	农业所得超过总收入的 50%，且家庭中有年从事 60 日以上农业经营的 65 岁以下成员的农户。
	准主业农户	农业所得不足总收入的 50%，且家庭中有年从事 60 日以上农业经营的 65 岁以下成员的农户。
	副业农户	主业农户和准主业农户以外，家庭中没有年从事 60 日以上农业经营的 65 岁以下成员的农户。
按专业化程度划分	专业农户	家庭成员中没有 1 人从事非农工作的农户。
	1 类兼业农户	以农业经营收入为主要来源的农户（农业经营收入超过总收入 50%）。
	2 类兼业农户	以非农收入为主要来源的农户（农业经营收入不足总收入 50%）。
自给农户		经营耕地面积不足 0.3 公顷，且年农产品销售金额不足 50 万日元的农户。
持有农地非农户		农户以外，耕地及撂荒农地合计不超过 0.05 公顷的农户。

资料来源：農林水産省大臣官房統計部：《ポケット農林水産統計平成 29 年版》，東京：農林統計協会，2018 年。

1. 促进超小农生产向小农生产转变

1910 年日本明确了小农生产是指经营面积超过 1 公顷以上的农户（賴平，1987）。1961 年日本实施《农业基本法》将"能够获得与其他职业相等收入的农业家庭经营者"称之为"自立经营者"，并将土地集约型农业经营面积标准设定为 2 公顷。随着劳动力成本以及城镇居民收入水平的变化，这一标准不断被调高，1970 年增加到 3.5 公顷，1980 年为 5.5 公顷，2010 年达到约 10 公顷。但是，从表 5 - 2 中可以看到，2010 年日本户均农地面积只有 1.18 公顷，10 公顷以上的农户仅占到农民总数的 0.6%，绝大多数农户属于超小规模农户（简称"超小农"）。

表 5 - 2　　　日本农地面积、农户数量、户均农地面积的变化

年度	农地面积（公顷）	农户数量（万户）					户均农地面积（公顷）
		合计	1.0 公顷以下	1.0—3.0 公顷	3.0—5.0 公顷	5.0 公顷以上	
1930	586.7	560.0	385.6	154.4	12.9	7.1	1.05
1938	—	551.9	367.7	164.3	12.3	7.6	—
1941	—	549.9	350.3	180.7	11.8	7.0	—
1947	524.2	590.9	428.7	150.0	7.4	4.9	0.89
1950	520.1	617.6	450.4	154.7	7.7	4.8	0.84
1960	607.1	605.7	424.2	166.3	9.1	6.0	1.00
1970	579.6	540.2	368.5	155.4	9.2	7.2	1.07
1980	546.1	497.7	356.4	123.9	10.2	7.2	1.10
1990	524.3	461.0	340.1	101.7	11.2	8.0	1.14
2000	483.0	421.8	324.5	78.1	10.6	8.6	1.15
2010	459.0	390.2	317.1	55.1	8.9	9.0	1.18

注：（1）"1.0 公顷以下"农户包含持有农地的非农户（农地经营面积不足 0.05 公顷或年销售不足 15 万日元）和自立农家（经营面积不足 0.3 公顷或年销售额不足 50 万日元的农户）。

（2）—表示无该年度数据。

资料来源：根据日本农林水产省资料（http：//www. maff. go. jp/j/tokei）整理制作。

2. 农业生产经营向兼业化方向发展

如表 5-3 所示，1950 年日本兼业农户 309.0 万户，占总农户数量的 50.0%。之后，兼业农户数量虽然逐年减少，但是占总农户的比例逐年上升，2010 年经营面积 0.3 公顷以上农户之中，兼业农户比例上升到了 72.3%。

表 5-3　　　　　日本专业农户与兼业农户的数量变化　　　　单位：万户

年度	农户数量	专业农户	兼业农户		
			小计	第 1 类兼业农户	第 2 类兼业农户
1950	617.6	308.6	309.0	175.3	133.7
1960	605.7	207.8	397.9	203.6	194.2
1970	540.2	84.5	455.7	181.4	274.3
1980	466.1	62.3	403.8	100.2	303.6
1990	255.5	47.3	208.1	52.1	156.1
2000	233.7	42.6	191.1	35.0	156.1
2010	163.1	45.1	118.0	22.5	95.5

资料来源：根据日本农林水产省资料（http://www.maff.go.jp/j/tokei）整理制作。

3. 农业生产经营向副业化方向发展

日本将经营性收入不足总收入 50% 的农户称之为"第二类兼业农户"。1950 年，第二类兼业农户有 133.7 万户，占农户总数的 21.7%。2010 年下降到 95.5 万户，占比增加到 58.6%。如果考虑到同期日本还有 89.7 万户 0.1—0.3 公顷"自给农户"和 137.4 万户经营规模小于 0.1 公顷的"持有农地非农户",也是主要依靠非农收入维持生计,这一比例将上升到 82.7%,而同期专业农户比例仅有 11.6%。

(二) 日本推动小农户与现代农业 发展有机衔接的举措

20 世纪 50 年代随着经济快速发展,日本非农部门资金、技术快速涌入农业部门,农业生产率大幅度提升,农产品供给量增加,然而,人口增幅下降,需求趋于饱和,加上国际经济一体化带来的冲击,农产品供给过剩,价格下跌,城乡收入差距逐渐拉大。1961 年日本颁布《农业基本法》明确将农业政策方向由增加农产品数量的产业型政策向增加农民收入的社会型政策调整,并且提出通过制度改良和制度创新相结合,提升农业生产效率和减轻农民负担并举的方式推动现代农业发展,以解决小农生产的出路问题。之后,日本根据经济发展阶段的不同特点,先后出台了综合农业政策、地域农业政策等,使日本在短短的几十年内,就实现了农业现代化、农民增收等政策目标,其措施如下:

1. 完善农业生产政策体系，提升全要素农业生产率

（1）完善以农民为主体的农田水利基础建设制度，改善农业生产条件

日本在尊重农民主体地位的基础上，构建了以农民参与建设、维护农田基础设施为特点的农田水利基本建设制度。1949 年日本颁布《土地改良法》，到 2018 年已经修改 61 次。该法允许农民自发组建名为"土地改良区"的农民合作组织，承担区域内农田基本建设的申请、规划、实施、维护工作。土地改良区可以由 15 户以上的农民发起，在征得受益区域内 2/3 以上受益农民的同意后成立。成员按农地面积均摊运营经费，理事由成员代表大会选举产生，业务人员可以由政府派遣公务员担任，负责协调处理事务性工作。项目立项可以由成员发起、通过民主表决之后向政府提出实施申请。项目招标由土地改良区或者政府负责，政府对土地改良区财务运营情况进行监管。各级政府和受益农民根据项目规模大小分摊建设经费（表 5-4），在大型水坝建设等重大项目中，中央财政最多可承担总额的 55%。受益农民如果难以一次性支付均摊的施工费用时，可以向日本政策金融公库等申请中长期低息贷款，偿还期可长达 25 年。截至 2015 年，日本全国共建立了 4730 所土地改良区，成员

367.5 万人，面积 258.4 万公顷。

表 5-4　日本土地改良区项目、实施主体、实施内容、建设经费分摊标准

项目内容	实施主体	实施内容		建设费用分摊标准[(1)]
		受益面积	工程内容	
灌溉排水	中央	3000 公顷以上	500 公顷以上的干渠	55%、20%、25%
	省级	200 公顷以上	100 公顷以上的水利设施	50%、30%—40%、10%—20%
	地市[(2)]	20 公顷以上	5 公顷以上的水利设施	45%、10%—20%、35%—45%
农地开发	中央	400 公顷以上	开荒、农道、干渠	
	省级	40 公顷以上		
	地市	10 公顷以上		
农地平整	省级	60 公顷以上	平整农地、农道、水利	
	地市	20 公顷以上	设施开荒、农道、支渠	

注：（1）中央财政 + 省级财政 + 地市财政（含受益农民）。

　　（2）地市含市町村政府、农业协同组合。

资料来源：日本农林水产省网站（http：//www.maff.go.jp/j/tokei）。

（2）完善中小型农机械开发制度，提升劳动生产率

日本山地多水田少，农地比较分散，农业经营面积普遍较小，日本从自身特点出发，制定了开发适合丘陵地形、一家一户独立作业的中小型农机的发展目标。1953 年日本颁布《农业机械化促进法》，1965 年、1993 年又进行了两次较大修改。该法要求日本农业部定期制定高性能农业机械试验研究、实用化推广及引进规划，各地方根据各自情况制定相应的农机引

进计划，由农业机械生产、销售企业等负责推广。同时，要求中央、省及市县都必须积极推动有关促进农业机械化的培训、指导、试验研究及农机具的引进等工作，并且在各个环节都要吸收农民代表参与规划制定及机种选择。中央对于地方政府为推动农业机械化开展的培训、试验研究、农机具引进以及相关业务经费提供补助。对于农民购买指定品种、指定型号的农机给予购买金额 30%—50% 的补贴。20 世纪 70 年代日本已经实现了农业机械化，1960 年至 2015 年之间每公顷水田的平均劳动时间从 1410 小时下降到了 230 小时，劳动生产率得到了极大提升。

（3）完善官民一体的农技推广制度，加快实用技术转化

日本重视农技推广在促进农业现代化发展中的作用，早在明治维新时代就构建了农技推广制度的雏形。1948 年，日本颁布《农业改良助长法》，到 2018 年修改了 17 次，逐步形成了由政府机关等农业技术推广主体和民间团体等支援主体构成的官办农技推广制度。该法规定，农技推广工作由政府普及指导中心负责，具备六年以上工作经验，通过省级专业考试的专业技术人员担任普及指导员，面向农民开展工作。截至 2013 年，日本共有 366 所农业普及指导中心、6734 名普及指导员，基本覆盖了每个乡镇。但是，每千户的普及指导员的覆盖率不足 3 人，人数相对较少。因此，在实际工作中大多采取了与当地农业协同组合（简称"农协"）合作的方式，由农协负责召集农民、汇集农民需求并配合农业普及指导中心开展培训。农协内部设"营农指导员"负责走访农户，对成员提供农技咨询等工作，截至 2013 年综合农协共有各类营农指导员 14154 人，平均每家农协 19.9 人。营农指导员每 2—3 年会在农协不同部门转勤，人员流动性较大，缺乏实际务农经验的职员也较多，很难准确解答成员提出的技术问题，也非常愿意与农业普及指导中心合作提升自身服务能力。另外，营农指导员业务经费主要来自于其他业务留成和农户均摊，各级政府也对其活动进行补贴。

（4）构建农民职业教育制度，提高农民从业素质

日本重视农民职业教育，除了支持农协等农民团体不定期举办技术培训以外，1968 年还创立了"农民大学"制度，用于培养新型职业农民。农民大学由政府或民间团体出资成立，截至 2017 年，共有公立学校 42 家，民办学校 5 家。农民大学设置有农业、园艺、畜牧、经营等专业，招收高中毕业、有 1 年以上农业经营经验，而且获得高中校长或当地农业技术普及所推荐的青年农民。每家学校招生不超过 100 人，学制 1—2 年。教师由普及指导员、农业试验场的政府研究

人员兼职，实践课程占到总课时的 70% —80%，主要
培养学生农业经营理念、组织管理、信息收集以及农
业技术等实操能力。农民大学学费较低，是日本大学
平均水平的约 1/3，经济条件不好的学生还可以申请
"农林水产省新农人投资资金"或者"日本学生支援
机构"的奖学金、无息贷款等。

另外，日本为了提升青年职业农民的经营能力，
设立了"新农人培养专项资金"，①鼓励年轻人去种养
殖大户或农业企业研修。研修时间最长两年，采取边
干边学的学徒方式，每月政府发放 20 万日元生活补
贴，薪酬水平与大学本科毕业生基本持平。同时，政
府对于愿意接受青年人研修的种养殖大户或者农业企
业，一次性补贴 50 万日元。种养殖大户和农业企业出
于弥补劳动力短缺的目的也非常愿意接受年轻人来公
司工作。

2. 制定多样化农业经营政策，满足不同类型农民的需求

日本政府认识到在资本主义私有制条件下，随着
城镇化快速发展，农地升值，小农持地保值的意愿强

---

① 青年务农补贴可以分为"准备型"和"营业开始型"。前者在
实习期间可获得中央财政每年 150 万日元，最长 2 年的生活补助。后者
在年务农收入低于 250 万日元时，可申请获得中央财政每年 150 万日元，
最长 5 年的补贴。

烈，很难让农民退出农业。为了推动农业机械化发展，日本针对不同类型的小农生产需求制定了相应的政策（表5-5）。

表5-5　　　　　　不同类型的小农生产需求及政策工具

小农生产的需求类型		政策工具
1 持有农地，愿意继续从事农业经营	希望扩大经营面积	修改《农地法》，放宽农地流转限制对承租人提供补贴
	实力有限，希望增加经营性收入	组建农事组合法人、农机银行
	可能放弃农业经营，不愿意投入	部分托管、代耕、农时组合法人、农机银行
	高龄，仍可从事部分农活儿	部分托管、代耕（含集落营农）
2 持有农地，不愿意继续从事农业经营	高龄，后继无人，自给自足	鼓励农地托管、代耕（含集落营农）
	外出打工，有可能返回农村	鼓励农地托管、代耕（含集落营农）
	持有保值	鼓励农地托管、代耕（含集落营农）
3	希望离农	帮助流转农地

资料来源：笔者根据日本农林水产省相关资料汇总。

（1）促进农地向"自立经营农户"集约，提升规模效益

日本政府认为自立经营农户完全依靠农业收入维持自身生计，经营稳定，可保障农业可持续发展，因此大力推动农地向其集约、流转。主要措施有：第一，逐渐放宽对农地流转限制。20世纪60年代，日本逐步取消了对农地持有面积上限的要求，鼓励农地在自耕农之间流转。2000年，日本修改《强化农业经营基础

促进法》允许在一定条件下，工商资本以参股的形式参与农业经营；2003 年，颁布《结构改革特别区域法》允许工商资本在特区内以租地形式，单独从事农业经营；2008 年，修改《农地法》全面放开，允许工商资本在全国范围内租地务农经营。第二，成立农地流转中介机构。针对农民之间的农地流转往往会遇到违约、不按协议使用、归还等违约问题，1962 年日本修改《农地法》《农业协同组合法》允许农协从事农地流转业务；1970 年批准"农业委员会"① 参与农地流转中介业务；2014 年成立了"公益性社团法人农地流转中间管理机构"②，专门负责农地转租、平整业务。这些机构都是政府支持的农民团体或者政府事业单位，在农村具有较高的威信。由他们担保的农地在租赁合同到期之后会自动返还到出租人手里，有利于保护农民权益。第三，增加财政补贴。1962 年日本实施"农业结构改善项目"，通过政府补贴的方式，减少规模农户在租赁农地之后用于农地平整、农田基本建设的支出以及大型农机购置费用。以面积 0.3 公顷的农地平整项目为例，1968 年财政补贴比例占总费用的 8%，1974 年这一比例上升到 19%，1990 年达到

---

① 由政府、农民、学者组成的农地管理机构。

② 根据《农地中间管理业务推进法》（2013 年法律 101 号）成立，负责农地流转相关业务的法人。由当地政府农业部门或农民合作组织负责具体运营。

50%。20世纪90年代，日本各地先后出台了租地补贴标准，对于愿意长期承租农地的农民给予一次性奖励。如长野县根据租借期间对承租人一次性提供50万—230万日元/公顷补贴。第四，贴息贷款。日本政府对于集约农地之后需要资金平整农地、购买农机的农民，通过政策性金融体系发放一定额度的贴息贷款。

（2）促进小农自愿联合，降低小农生产的生产经营成本

1962年，日本修改《农业协同组合法》设立了"农事组合法人"制度，以满足那些自身实力有限，但是仍然愿意继续增加农业经营性收入的农民需求。该制度允许5户以上的农民在自愿的基础上，自发组成类似于我国的农地股份合作社、农机合作社、农业设施共同使用合作社等以物合为特征的合作经济组织。成员可以以现金或者农地、农业生产资料折价出资，实行一人一票民主管理。政府对于农事组合法人购买农机具、土地流转等给予扶持。农事组合法人可以以团体成员的身份加入当地农协，并且获得农协在销售、信息、资金等方面的帮助。截至2015年，农事组合法人总数达到9353家，其中，农机等设备设施共同使用型农事组合法人1548家，农业生产共同作业型农事组合法人1134家，混合型6671家。

（3）完善社会化服务体系，降低农业生产的作业强度

日本政府不断完善社会化服务体系，来满足虽有继续务农的意愿，但是体力、精力和实力已经难以独立从事农业生产的农民的需求。1972 年，日本政府试点"农业机械银行"制度。该制度采取政府主导，农民自愿参与的方式，由地方政府登记辖区内可租借的农机农具信息，并对外发布，提升闲置农机使用效率，降低农民固定资本投入。租赁人可以直接与农机所有人洽谈租赁条件，也可以通过政府相关部门免费协调。20 世纪 90 年代，随着老龄化进程加快，离农人数增加，农业机械银行开始从事二手农机设备的转让以及设施租赁业务。中央政府对机械银行办公费用提供补贴，部分地方政府对注册农机具在租赁期间发生的维修、搬运、组装等给予总额 1/3—1/2 的补贴，1985 年共向 46 个都道府县 490 个地区的 458 家机械银行支付了 123 亿日元（会計検査院，2017）。

　　1980 年日本颁布《农用地利用增进法》，允许以村落为单位成立"集落营农"组织，推动本村农地集约、平整，并委托本村或当地生产大户托管经营，截至 2015 年，达到 14852 家。集落营农组织成员协商决定农地托管条件，并代表农民进行谈判。农民也可以不参加村集体活动，自行与当地的农事组合法人、农业有限责任公司、农业股份有限责任公司商洽，选择合作伙伴。2015 年，日本共有 11.1 万家各类农业代耕、托管组织，托管面积 125 万公顷，占日本水稻总面积的 1/3。政府定期公布本地的农地托管、代耕价格，防止企业对小农形成价格垄断。并且，对于农地平整、流转以及托管农地的经营者给予一定的扶持。

（4）扶持农业协同组合发展，提升为农综合服务能力

1947 年，日本颁布《农业协同组合法》，到 2018 年修改了 89 次。该法规定农协是具有经济功能的非营利性社团组织，是民建民管民受益的人合组织，为成员提供供销、金融、保险、经营指导一体的综合服务。日本政府非常重视农协的作用，采取了以下措施促进农协发展：

第一，扶持农协成为农村社会的管理者。日本政府扶持农协理事长兼任"农业委员会"等地方农业农村自治机构的重要职务，使其能够代表小农参与当地农业、农机以及农田基本建设规划制定的各个环节，使各项规划、政策更贴近农民。第二，扶持农协成为农业政策实施渠道。日本政府扶持农协在落实大米收储、协助农业自然灾害保险定损、政策资金发放、落实目标价格等政策中，发挥检查、鉴别作用，提高对小农的扶持精度，防止了数据造假、冒领补贴的情况发生。第三，帮助农协扩大经营规模，提升竞争力。1961 年日本颁布《农业协同组合合并援助法》，要求地方政府通过行政手段引导农协通过联合或者合并扩大经营规模，对于农协合并时需要的办公费用和新建设施给予最多 1/2 的补贴。2015 年日本各类农协总数减少到 2448 家，是 1960 年的 8.5%。但是，农协社均成员数量和社均资产分别增加到了 14329 人和 1495 亿日元，服务能力得到大幅度提升。第四，提供农业设施设备购置补贴。日本政府对于农协购置农机具、加工设施提供补贴。中央财政提供总额 50%，地方政府根据本级财政情况提供 20%—30%，剩余的 20%—30%，农协可以向政策性金融机构申请长期贴息贷款。第五，扶持农协开展成员培训活动。日本政府每年给予农协中央会、联合社一定的补贴，用于农协开展技术推广、人员培训等活动。2011 年日本政府共投入 386 亿日元扶持农协发展，平均每家综合农协获得 6.7 亿日元。

（5）完善官民一体的农村金融制度，降低融资成本

日本通过完善合作金融与政策金融相融合的农村金融体系来弥补商业金融的不足，为小农生产提供低息贷款，解决小农缺乏有效的抵押物，贷款难、贷款贵的问题。1947 年，日本颁布《农业协同组合法》《中小企业等协同组合法》，1961 年修改《农林中央金库法》，建立了以农民为主体的合作金融制度。该制度由综合农协和专业信用组合两大体系构成，都采取"基层社 + 省级联合社 + 全国联合社"三级管理结构。基层合作金融机构由农民现金出资，自发成立，实行一人一票民主管理，以内部融资为主，解决成员对小规模、短期生活生产资金的需求。联合社帮助解决基层农协无法应对的较大规模融资需求，或者自身、或者协调政策金融、商业金融机构完成融资。合作金融机构的贷款利息一般低于周边商业银行，成员每年还能获得出资返还。由于日本综合农协了解成员农产品生产、销售、资金流量等情况，信用评级成本较低，可以对符合条件的成员免除担保。以借款 500 万日元、借款 5 年来计算，在获得农协免息、免交担保费用的情况下，比商业金融节省 11.3 万日元。

1953 年日本政府全资成立了"农林渔业金融公库"，2008 年改制为"日本政策金融公库"①，主要为农村发展提供基本农田改造、新型农业经营主体的农地流转、设备购买、设备改造等中长期、大规模融资。贷款期限最短 1 年，最长的可达到 55 年，平均 12.2 年，2015 年贷款利率最高不超过 0.3%，远远低于同期商业金融贷款 2.5% 左右的平均水平。1961 年日本颁布《农业现代化资金助成法》②，由中央及地方政府

---

①　2008 年 10 月 1 日，在日本政府主导下，由国民生活金融公库，农林渔金融公库和中小企业金融公库合并，中央财政出资成立的政策性金融机构，负责向农业经营者和食品加工企业提供商业金融等无法承担的低息甚至免息的中长期贷款。现有 152 家分支机构，7364 名职员，资本金 4.7 兆日元。

②　依据《农业近代化资金融资法》（1961 年法律 202 号）设立，面向农业经营者、农协和农协联合社等的低息或免息政策性融资商品。由农林水产省主管，平均利息 0.3%，偿还期间可长达 7—20 年。主要帮助贷款农协成员解决债务担保问题。

向符合条件的农民提供利息补贴，及偿还期 5—15 年的贴息贷款。这些政策金融机构没有自己的基层办事窗口，一般通过合作金融体系帮助发放宣传资料、审查材料、信用评级、发放贷款，这种做法既降低了业务成本，也扶持了农协的发展。

（6）完善农业生产灾害保障制度，增强农民抗灾能力

日本地处亚欧板块和太平洋板块交界地带，地壳活跃，又受到大陆和海洋气候的影响，地震多发、雨雪灾害频繁，农业生产极容易受到灾害的影响。1947 年日本颁布《农业灾害补偿法》，至今修改 59 次，形成了完善的农业灾害保险制度。该制度允许农民按照区域分片，自愿出资成立具备互助性质的农业灾害保险组合。农民交纳公积金作为组合的灾害准备金，在发生灾害时拿出来弥补受灾损失。基层组合出资成立地方农业共济联合会，联合会向政府再保险，提升抵御大规模灾害的能力。灾害补偿品种有小麦、家畜、果树、养蚕及园艺作物以及相关设施、设备。其中大米、家畜等主要作物是强制保险，其他品种可以任意选择。灾害对象包含风灾、水灾、干旱、寒潮等气象灾害，地震等自然灾害以及病虫害、鸟兽害和火灾等所有可能会对农业生产造成危害的灾害。日本中央财政对农民参保承担 50% 的补贴，并且按投保金额补贴各级农业灾害组合和联合会的办公费用。另外，日本政府建立了灾害救助基金、大灾基金、再保险等制度，分散农业灾害对农民造成的损失。部分地方政府和基层农协根据自身情况对受灾成员提供低息或者无息贷款或者对受灾成员购买生活用品、生产资料的提供优惠，帮助灾民恢复生产、防止因灾致贫。

（7）完善农村社会保障制度，提升农民的抵御病伤老能力

日本政府认为农村社会保障制度是防止农民因病、灾、老致贫、返贫，促进农业生产可持续发展的重要措施。1958 年日本颁布《国民健康保险法》，采取个人承担 30%、地方财政补贴 70% 的方式构建了城乡一体的医疗保险制度，保障参保家庭成员疾病、伤害、分娩及死亡的相关费用。保险费以家庭收入来征收，多收多缴，经济窘困的家庭可以申请减免保费和治疗费。

1965 年日本修改了《劳动者灾害补偿保险法》，允许使用农业机械以及有雇工的农业企业参加农业劳动伤害保险，对于雇工或者自身在农作业过程中受伤、致残、死亡的，提供治疗、误工费用以及残疾补偿、死亡补偿等费用。要求雇工 5 人以上的农业法人必须强制加入，自营业者可以选择加入。按照每年缴纳保费 2 万日元计算，发生意外时，受害人可以获得每日 1 万日元的误工费以及全部治疗费用。部分基层农协根据成员惠顾额还给予保费 20%—50% 的补贴。

日本农民养老金制度由基础养老制度和农民养老制度构成。基础养老制度是全民强制参加的社会保障制度，夫妇俩人连续缴纳 40 年以上保金，退休后每月可获得 13 万日元退休金，相当于应届大学本科毕业生 2/3 左右的月收入。1971 年，日本颁布《农民年金基金法》，规定每年从事农业生产 60 天以上的农民可以自愿选择 2 万—6.7 万日元之间，希望缴纳的保费金额，政府补贴 20%—50%。连续缴纳 20 年，65 岁之后，每月可领取 6.6 万日元养老金，直至去世。另外，为了加快农地流转，日本将农民养老金分为"移交经营权养老金"和"未移交经营权养老金"，前者是指在 65 岁之前已经把农业经营权移交给后继者的农民，后者是指 65 岁之后仍然继续从事农业经营的农民，前者因为放弃农业生产，没有了任何收入，可领取的养老金金额是后者的 3 倍左右。

（三）日本推动小农户与现代农业发展有机衔接中遇到的问题

1. 直接税制度抑制了地方政府的积极性

日本地方财税收入主要来源于不动产税、个人所得税等纳税人直接税负，与行政区域内居民数量增减成正比。由于发展农业规模化、集约化经营要求将农村富余农民流转出农业，在当地非农就业机会不充足的情况下，往往会出现地方财税收入锐减的情况。因此，虽然日本中央政府出台了不少缓和农地流转限制，促进规模化、机械化经营的政策，但是，地方政府更愿意围绕"如何能够留住人"这一政策目标，推动代耕代管服务以降低劳动强度，并且推行一二三产业融合、休闲农业等项目增加当地就业机会，把老人、妇女牢牢地吸引到农村。2015 年，日本拥有 0.1 公顷以下农地或者年销售额不足 15 万日元的农户达到 141 万户，占同期农户总数的 39.5%，较 1975 年增加了约 37 个百分点。其中大部分小农户都是年龄超过 65 岁以上的老人，主要收入来源于养老金，农业生产仅仅为了健身、娱乐。

2. 农地私有化阻碍规模经营快速发展

自 20 世纪 50 年代末，日本城镇化速度加快，用于工厂、住宅以及公共设施建设等非农目的的农地开发项目持续增加，耕地面积减少，农地价格以流转需求较为旺盛的城郊地区为中心逐年上涨，随即产生涟漪效应，带动了远郊、农村地区地价价格暴涨，农户持地待估意识高涨，即便不种地也不愿意放弃农地所有权。同时，随着老龄化速度加快，日本撂荒农地面积也不断增加，1980 年只有 12.3 万公顷，2015 年增加到 42 万公顷。然而，在资本主义私有制体制下，日本政府只能采取财政补贴、提高不动产税等方式促进农地集约，2008 年，还修改了《农地法》进一步强调了农地具备保障国家粮食安全的公益性功能，但是，由于缺乏有效管制手段，农地撂荒与农地集约难的矛盾始终无法得到有效解决。

3. 经营性收入对农民增收贡献持续下降

通过农业组织化、规模化、机械化经营发展，推动小农户生产与现代农业有机衔接，能够实现增加农民经营性收入。但是，截至 2015 年，日本全国仅有 1.9% 的农户达到"自立"标准，绝大多数小农户仍然或多或少依靠非经营收入。日本农产品市场学会原会长神田健策先生介绍，1950 年至 2002 年，日本农户经营性收入由 75.7 万日元/年增加到 102.1 万日元/年，但是，占总收入的比例却从 68.2% 下降到 13.1%。另外，日本农林水产省统计显示，2013 年日本农民平均收入中，退休金等收入占 39.5%，工资性收入占 32.6%，农业相关收入与农业经营性收入仅占 27.9%。说明完善社会保障制度对日本农户增收的贡献明显高于农业现代化政策所带来的福利。

（四）日本推动小农户与现代农业
发展有机衔接的启示

日本政府认为只有推动现代农业发展，并且将小农生产引入到现代农业发展轨道才能解决小农生产效率低、抗风险能力差以及竞争力弱等诸多问题。自1960年代开始，日本遵循农业现代化发展规律，通过调整农业政策方向，建设和完善现代农业生产制度、经营制度、组织制度、农村金融制度、防灾制度和社会保障制度，逐步实现了农业现代化、农民收入增收，保障口粮安全等政策目标。虽然在实践中，也遭到过度保护农业以及未能通过规模经营缩小城乡收入差距等诸多质疑，但是，对于我国解决小农生产出路问题，仍然具有以下启示：

1. 逐步把小农生产引入到现代农业发展轨道

进入中高收入发展阶段，农产品供给数量增加，但是，人口增速放缓，农产品消费需求趋于饱和，城乡收入差距加大。日本政府针对国民经济发展出现的阶段性特点，从1960年起及时调整农业政策方向，明确了构建推动现代农业发展，缩小城乡居民收入差距为目标的农村社会政策体系，并且在发展过程中不断修正、完善相关制度。目前，我国刚刚进入到中等收入发展阶段，食物供给不足的问题已经基本解决，但是，农业增产增效不增收的问题日趋严重，生产力发展水平与生产关系之间不匹配的问题日益突出。建议在保障食物供给安全的前提下，逐步构建现代农业发展体系，在提高农业生产效率的同时，完善、创新现代农业产业政策和农村社会政策体系，并且逐步把小农生产引入到现代农业发展轨道。

2. 使用法律手段保障农业生产的长期稳定

农业生产需要一个漫长的过程，实现农业政策目标往往需要几年甚至几十年的时间。日本战后的农业政策得以顺利实施，主要得益于通过法律手段管理农业，保障了农业生产有步骤阶段性发展。日本政府采取基本法与普通法相互结合的方式，制定《农业基本法》作为政策纲领，规范农业发展方向。同时，针对不同部门的特点，制定或完善相应的普通法，如：《农地改良法》《农地法》《农业振兴法》《农业协同组法》等。这些普通法即以基本法为基础，保障特定领域政策执行与目标保持一致，同时又与其他部门的普通法相互关联，保障推进步伐一致，使日本农业处于法律约束之下，做到有法可依，避免了人为因素对农业政策的影响，保障了农业政策的相对稳定性。2013

年我国颁布了《农业法》，但是随着社会经济发展，之后又出台了阶段性的农业政策，使得《农业法》的内容已经略显滞后，且与其他普通法的联系也变得较为松散。建议应发挥《农业法》的纲领性作用，尽快开展修法活动。并且将中央的各项精神上升为具体的法律规范，简化立法程序，使之能够与《农业法》保持一致，为把小农生产引入现代农业发展轨道提供坚实的法律保障。

3. 重视经济效率与社会公平的有效融合

现代农业追求经济效率，通过将工业发展中的新技术、新装备、新型管理方式应用到农业生产，对生产要素重组提升土地生产率和劳动生产率，以此获得比较价格优势。日本通过加强农田水利基础建设、完善农业机械开发体系、农技推广体系、职业农民培训体系，极大地提升了劳动生产率。但是，日本还同时完善了对农民合作经济组织扶持制度、官民一体的农村金融制度改变市场竞争结构，形成对弱小群体较为有利的销售、融资环境，完善农民灾害保险制度和农村社会保险制度防止其因灾、伤病老至贫，使经济效率与社会公平两者有效融合，综合保障了农业生产平稳、可持续发展。我国虽然已经初步构建了相应的政策体系，但是存在制度不完善，保障水平低，覆盖面小等问题。建议完善相关制度的立法工作，加大国家保障力度，加快农村卫生计生、社保等事业发展，建立城乡统筹的养老保险、医疗保险制度，巩固城乡居民大病保险。

4. 循序渐进、稳步推动实现农业政策目标

随着城镇化、工业发展，小农内部逐渐分化，日本形成少数的规模农户和大多数小规模兼业农户，在资本主义私有化条件下很难让其退出农业生产。快速实现规模经营，只能提供多种政策工具降低其经营成本，提升其农业经营收入。我国目前农民分化加快，虽然 2015 年全国户均耕地面积少于 10 亩地的农户达到 2.1 亿户，占农户总量的 79.6%，但是兼业比例很高，农户退出农地的意愿呈现多样化发展趋势。建议根据不同时期农村社会的发展情况，循序渐进、适时提供适用政策工具，有效调整农业政策目标与农民需求之间的关系，稳定农村经济秩序，加快农业现代建设步伐、稳步推进规模化经营。

5. 在农业政策各个环节坚持农民主体地位

农民既是农业政策的执行者，也是农业政策利益关系人，农业政策是否有利于达成个人效益和社会效益的最大化，是否切实可行，关系到农民的切身利益。

日本在农业政策制定、实施、监管各个环节始终坚持农民主体地位，在各个领域组建不同功能的农民组织，如：土地改良区、农业协同组合、农业灾害协同组合、信用专业组合等人合组织，还有农事组合法人等物合组织，政府让农民成为农业现代化的自觉参与者和真正的受益者，既尊重了农民经营自主权和首创精神，也激发了农民的主人翁精神，提高了农业政策实施效率。2018年底，我国农民合作社总数虽然突破了200余万家，但是真正能够代表农民利益，完全由农民组成的合作组织仍然不多，功能也相对薄弱，已经难以适应农村社会的变化。建议，今后应将《农民专业合作社法》修法常态化，完善供销、金融等一体化经营的综合性农民合作组织制度、联合社制度、监管制度，培育真正的民建民管民受益的合作组织，并在农业政策制定、执行等环节提升其参与程度。

六 多措并举促进我国小农户
与现代农业发展有机衔接

国际粮农组织（FAO）曾将 2014 年设定为"家庭农业年"（Year of Family Farm），以提升公众对于家庭经营农业和小农户经营重要地位的认识。FAO 强调，家庭农业具有重要的社会经济、环境、文化作用，家庭农业对于人类反饥饿和贫困，提高食品安全和营养水平，改善生活，保护世界农业多样性和自然资源的可持续利用，以及繁荣地方经济、实现农村地区可持续发展的特殊意义。《2016 全球粮食政策报告》指出，小农是全球食物安全和营养的主要贡献者，发展中国家的 5 亿个小农场为亚洲和撒哈拉以南的非洲地区提供了约 80% 的食物。并且经验表明，加强小农生存和适应能力有助于改善农村贫困状况。

习近平总书记于 2016 年 4 月 25 日在安徽凤阳县小岗村农村改革座谈会上的讲话中强调指出，"农村土地承包关系要保持稳定，农民的土地不要随便动。农民失去土地，如果在城镇待不住，就容易引发大问题。这在历史上是有过深刻教训的。这是大历史，不是一时一刻可以看明白的。在这个问题上，我们要有足够的历史耐心。"

小农户生产兼业化无论从历史还是从东亚国家的实践看，都是一个长期而漫长的历史过程。"农民是和我们一样聪明的理性人"，实现小农户与现代农业有机衔接是一个动态的演进过程，也是一个随着农业农村现代化发展、逐步向着现代小农户转型的过程。在我国农业发展转向提质增效的新阶段下，面对国内国际两个市场的竞争，以兼业化为主要特征的生计小农户难以依靠个体的力量实现转型，必须加速引入外部现代力量，引导小农户形成自我联合力，通过深化农村改革、巩固和完善农村基本经营制度，大力发展各类新型经营主体，构建起扶持小农户发展的政策体系，加速推进小农户向现代化的转型。

（一）深化改革、完善农村基本经营制度

前面提到，我国兼业化为主体的生计小农户的群体庞大，即使到了 70% 以上的城镇化率，仍将有 4 亿左右的农民留在农村，它意味在未来较长的一段时期内，

家庭承包经营仍将是我国农业生产经营的主要形式，家庭农场、农民专业合作社、农业企业等新型经营主体创新是巩固与完善农村基本经营制度的重要创新。应修订现行法律，使农民土地承包经营权更加完整。

1. 进一步完善农户的土地权利体系

一是赋予农民土地承包经营权抵押、担保权能。目前，修订后的《农村土地承包法》已经做出调整，允许土地经营权抵押担保，还有必要对担保法、物权法中有关禁止性条款进行修改，使三部法律的规定保持一致。二是赋予家庭承包经营土地入股权，并实现用益物权化。三是加速以土地经营权租赁为主的土地承包经营权交易机制，加速创新农业经营主体制度。

2. 衔接落实好第二轮土地承包到期后再延长 30 年的政策

从目前农村普遍实施"生不增、死不减"，稳定小农户政策预期的角度出发，未雨绸缪，尽早明确在农村土地第二轮承包到期后采取直接延包 30 年、不再重新分配土地的基本政策，在政策导向上弱化土地的社会保障功能和财产分配功能，强化土地的生产要素功能。

同时，在那些人地矛盾突出、小农户生计主要依赖土地的村庄，留下一个口子，允许二轮承包到期顺延时由集体经济组织全体成员共同决策，实行"一村（集体）一策"政策，切实保护那些少数以农业为生的少地无地弱势小农户的合法权益。

3. 允许新型农业经营主体与农户签订跨越承包期的土地租赁或入股合同

现代农业投资的特点是规模大，回报周期长，鉴于距二轮承包到期只有十年左右，现行政策规定不利于吸引社会资本大规模投资农业，此外，目前浙江等省已经允许农业设施设备抵押贷款，而新型农业经营主体以农业设施设备抵押贷款的额度与其使用期限有明显关系，承包期短则抵押贷款额度低。如果允许新型农业经营主体与农民签订跨越承包期的土地租赁或入股合同，则其在以农业设施设备抵押贷款时，就可能得到更高额度的贷款。

（二）加速新型经营主体创新步伐、赋予双层经营新内涵

1. 提升农民合作社发展质量、有效发挥服务中介作用

以农业农村部合作社质量提升行动为契机，推进农民合作社发展的转型升级，提倡以农民合作社为重

要服务平台，代表小农户利益与各种专业社会化服务组织或加工企业签订合同，引导小农户融入现代农业生产轨道，在积极推广"按户连片经营""联耕联种""土地托管"等多种社会化服务模式中，有效发挥出农民合作社降低交易成本、实现规模经营的基本组织功效。

2. 大力培育家庭农场，促进形成一大批资本—劳动双密集的新型经营主体

从长远发展看，农业农村现代化的过程将是我国农业生产经营主体从家庭承包经营向着家庭经营转型的过程，以家庭自有劳动力为主、实现土地规模经营的家庭农场是未来家庭经营的发展方向，是有效应对生计小农户存在的老龄化、副业化挑战的重要手段。应结合实施乡村振兴战略，继续鼓励有知识的农民返乡创业，培育一批职业化的农民群体；另一方面应强化土地退出与社会保障挂钩的机制设计，引导老龄化生计小农户及那些深度非农兼业化的生计小农户退出农业领域。

3. 强化龙头企业的引领作用、大力发展订单农业

国际现代农业的主流形式已经转向"有计划的订单农业"，即生产端按照终端客户的要求组织生产，我

国也不例外，政府应顺势而为，在深化农业供给侧结构性改革、实施质量兴农、绿色兴农、品牌强农中，进一步鼓励社会资本下乡，壮大产业化龙头企业，推进外部资本、技术、市场、信息等现代要素引入农业的广度与深度，以龙头企业为核心，发展订单农业，加速兼业生计小农户向现代小农户的转型。

（三）建立和完善面向小农户的农业社会化服务体系

1. 强化对无土地流转意愿的兼业小农户的服务规模化导向

应继续完善土地托管、半托管、"连耕连种"等多种新型社会化服务方式，政府应当继续大力支持并鼓励社会资本进入、农村社会精英返乡创业、科研院所下乡创业等多种形式，围绕小农户的生产经营需求，发展农业产业链上的各类专业性的农业社会化服务组织。以建设社会化的产业分工体系为前提，通过服务的规模化、专业化、社会化，解决那些缺劳、缺地生计小农户种懒汉田，甚至弃耕等突出问题，实现耕地的有效利用和生产方式的现代化。在不改变经营主体的条件下，促进小农户生产与现代农业的深度融合。

2. 促进形成多元化的社会化服务主体格局

针对小农户的多元化需要以及不同类型小农户的需求，需大力促进多元化农业社会化服务组织建设。一是在企业和个人不愿进入或效率较低的服务领域，如山区丘陵的细碎化土地平整，建立政府（准）公益性的服务组织；二是支持发展基于社区的综合性农民合作组织，解决小农户生产生活中的各种问题与困难，成为小农户与外部世界联系的有效桥梁与纽带，实现规模经济和集体谈判力；三是培育各种民间社会化服务组织。发挥党组织的组织资源优势，鼓励妇联、共青团、军转办等部门深入农村基层，发动群众发展民间自我服务组织，解决特殊农户群体的特殊需求；四是继续鼓励供销合作社发挥更大作用，强化土地托管、农资供应、农产品营销等农业社会化服务。

（四）提升人力资本、加速小农户的非农化转移步伐

工业化国家的发展经验表明，受土地资源稀缺的限制，增加小农户的福祉主要依赖于劳动力市场，而不是产品市场，我国也同样。基于小农户已经分化，针对那些可能在劳动力市场获得就业机会的小农户，

应依托劳务中介组织，以市场需求方为导向，大力开展职业教育，提升小农户的基本生产技能；对于留在农村的留守妇女与老人，应针对他们的特点，大力普及推广学会使用智能手机项目，打通小农户与外面世界的通道，让广大小农户低成本、方便快捷地获取所需的信息与知识，帮助小农户加速生产生活方式的现代化。

（五）不断改善小农户生产设施条件

加大以行政村或大的自然村为单位的土地平整和村庄、农田道路设施的投入力度，增加其在农业预算中的比例；吸引社会资本投资设施农业，鼓励发展小型农田水利设施股份合作社，参照享受农机具购置补贴政策，多渠道改善农业生产条件，提升小农户抵御自然风险能力；加大对产地农产品产后预处理、烘干、仓储环节的支持力度，减少农产品的损失率。加大信息进村入户工程。鼓励民间资本参与投资，通过电商经济，推动偏远地区小农户参与传统特色农产品、手工制品及各种来料加工品的生产，开发休闲农业的网上营销，发展短链经济。增加小农户的非农就业收入，为加速土地流转提供条件。

参考文献

国内文献

1. "促进农民专业合作社健康发展研究"课题组：《"空壳农民专业合作社的形成原因、负面效应与应对策略"》，《改革》2019 年第 4 期。

2. 蔡立东、姜楠：《农地三权分置的法实现》，《中国社会科学》2017 年第 5 期。

3. 曹斌：《小农生产的出路：日本推动现代农业发展的经验与启示》，《农村经济》2017 年第 12 期。

4. 陈甦：《土地承包经营权继承机制及其阐释辩证》，《清华法学》2016 年第 3 期。

5. 陈志、梁伟亮：《土地经营权信托流转风险控制规则研究》，《农村经济》2016 年第 10 期。

6. 高飞：《农村土地"三权分置"的法理阐释与制度意蕴》，《法学研究》2016 年第 3 期。

7. 高海：《论农用地"三权分置"中经营权的法律性

质》，《法学家》2016 年第 4 期。

8. 高强、孔祥智：《我国农业社会化服务体系演进轨迹与政策匹配：1978—2013 年》，《改革》2013 年第 4 期。

9. 高圣平：《农地金融化的法律困境及出路》，《中国社会科学》2014 年第 8 期。

10. 高晓芹：《农村土地信托流转模式浅议》，《中国土地》2015 年第 2 期。

11. 管洪彦、孔祥智：《农村土地"三权分置"的政策内涵与表达思路》，《江汉论坛》2017 年第 4 期。

12. 韩长赋：《土地三权分置是中国农村改革的又一次重大创新》，《农村工作通讯》2016 年第 3 期。

13. 洪民荣：《美国农场研究》，上海社会科学院出版社 2016 年版。

14. 晖峻众三：《日本农业 150 年（1985—2000 年）》，中国农业大学出版社 2011 年版。

15. 贾林青：《确认农地经营权还需制度保障》，《中国经济报告》2014 年第 12 期。

16. 姜长云：《关于发展农业生产性服务业的思考》，《农业经济问题》2016 年第 5 期。

17. 蒋永穆、刘虔：《新时代乡村振兴战略下的小农户发展》，《求索》2018 年第 2 期。

18. 李帆：《评农村土地三权分离学说——从民法理论

的角度》，《经济研究导刊》2016 年第 3 期。

19. 李国强：《论农地流转中"三权分置"的法律关系》，《法律科学》（西北政法大学学报）2015 年第 6 期。

20. 李停：《我国土地信托模式的选择与实践》，《华南农业大学学报》（社会科学版）2017 年第 4 期。

21. 刘恒科：《"三权分置"下集体土地所有权的功能转向与权能重构》，《南京农业大学学报》（社会科学版）2017 年第 2 期。

22. 刘向东、尤新潮、陈锦龙、费兆照：《联耕联种——农业经营方式的变革》，《江苏农村经济》2014 年第 5 期。

23. 刘颖、唐麦：《中国农村土地产权"三权分置"法律问题研究》，《世界农业》2015 年第 7 期。

24. 马克思：《资本论》（第 3 卷），人民出版社 1974 年版。

25. 毛泽东：《论合作社——在边区高干会议上的讲话（一九四三年十月）》，《资料选编（内部资料）》1967 年 1 月。

26. 毛泽东：《组织起来》，《毛泽东选集》第 3 卷，人民出版社 1991 年版。

27. 农业部农村经济体制与经营管理司、农业部农村合作经济经营管理总站编：《中国农村经营管理统计年报（2017）》，中国农业出版社 2018 年版。

28. 普金霞：《农村土地三权分离法律思考——基于权
    能分割和成员权视角》，《人民论坛》2015 年第
    26 期。

29. 瞿理铜：《新探索如何延续——湖南省益阳市土地
    信托流转调研报告》，《中国土地》2012 年第
    11 期。

30. 邵挺：《土地流转的"名"与"实"——引入金融
    的视角》，《中国发展观察》2015 年第 4 期。

31. 宋志红：《"三权分置"关键是土地经营权定性》，
    《中国合作经济》2016 年第 10 期。

32. 孙宪忠：《推进农地三权分置经营模式的立法研
    究》，《中国社会科学》2016 年第 7 期。

33. 仝志辉、侯宏伟：《农业社会化服务体系：对象选
    择与构建策略》，《改革》2015 年第 1 期。

34. 王亚华：《农村土地"三权分置"改革：要点与展
    望》，《人民论坛》2017 年第 6 期。

35. 魏后凯、黄秉信主编：《中国农村经济形势分析与
    预测》，社会科学文献出版社 2019 年版。

36. 温世扬、张永兵：《土地承包经营权入股之法律性
    质辨析》，《河南财经政法大学学报》2014 年第
    1 期。

37. 肖鹏：《农村土地"三权分置"下的土地承包权初

探》，《中国农业大学学报》（社会科学版）2017
年第 1 期。

38. 肖鹏：《日本家庭农场法律制度研究》，《亚太经
济》2014 年第 6 期。

39. 谢鸿飞：《依法推进"三权分置"改革，农村土地
可以释放更多红利》，《人民日报》2016 年 1 月 28
日第 07 版。

40. 新华社：《习近平在农村改革座谈会上强调加大推
进新形势下农村改革力度促进农业基础稳固农民安
居乐业》，《人民日报》2016 年 4 月 29 日第 1 版。

41. 新华社：《中央农村工作会议在北京举行　习近平
李克强作重要讲话　张德江俞正声刘云山王岐山
张高丽出席会议》，《人民日报》2013 年 12 月 25
日第 1 版。

42. 殷勇：《农村土地信托流转调查与思考——以湖南
省沅江市草尾镇为例》，《调研世界》2012 年第
6 期。

43. 苑鹏、张瑞娟：《新型农业经营体系建设的进展、
模式及建议》，《江西社会科学》2016 年第 5 期。

44. 张红宇：《农村土地"三权分置"政策解读》，
《领导科学论坛》2017 年第 4 期。

45. 张晓山、李周：《中国农村发展道路》，经济管理
出版社 2013 年版。

46. 张晓山：《关于农村土地承包经营权确权登记颁证的几个问题》，《上海国土资源》2015 年第 4 期。

47. 中国人民大学信托与基金研究所：《中国信托业发展报告》（2017 年），中国财富出版社 2017 年版。

48. 周娟：《土地流转与规模经营的重新解读：新型农业服务模式的发展与意义》，《华中农业大学学报》（社会科学版）2017 年第 4 期。

49. 朱广新：《土地承包权与经营权分离的政策意蕴与法制完善》，《法学》2015 年第 11 期。

外文文献

1. 高岡熊雄：《小農保護問題》，東京：同文館，1915 年。

2. 高岡熊雄：《経済全書－農業政策 I》，東京：宝文館，1912 年。

3. 横井時敬：《小農に関する研究》，東京：丸善，1927 年。

4. 会計検査院：農業機械作業広域調整促進事業の運営について改善の処置を要求したもの，http：//report. jbaudit. go. jp（2017 - 8 - 8）。

5. 賴平：《現代農業政策論－農業政策の基礎理論》，東京：社団法人家の光協会，1987 年。

后　记

　　党的十九大报告提出实现小农户与现代农业发展的有机衔接，这是习近平中国特色社会主义思想的重要组成部分，是对马克主义改造小农理论的重要发展与创新。2018 年中央一号文件就如何促进小农户与现代农业有机衔接部署行动方略，2019 年中央一号文件进一步强调完善"农户＋合作社""农户＋公司"利益联结机制，加快培育各类社会化服务组织，为一家一户提供全程社会化服务。随后发布的中办、国办《关于促进小农户和现代农业发展有机衔接的意见》提出按照服务小农户、提高小农户、富裕小农户的要求，加快构建扶持小农户发展的政策体系，促进传统小农户向现代小农户转变。

　　应该看到，中国农业的基本国情是"大国小农"，承包经营农户高达 2.3 亿户，有专家预测，即使中国城镇化达到 70％以上，农村仍然有 4 亿以上农户，这意味小农户大规模的长期存在，在今后较长时期内仍旧是中国农业生产经营的基本面。在此基本前提下，如何实现小农户与现代农业的有机衔接，无论是政界还是学界，仍存在认识分歧，代表性观点有二，一种认为目前我国小农户已经与现代农业发展实现有机衔接，我国粮食生产2004—2015年实现12连增，就是最好的佐证，无需再专门强调；另一种则认为，强调小农户与现代农业有机衔接是保护小农户落后生产方式，不利于以土地经营规模化、农业生产专业化、农业经营集约化及农业服务社会化经营为重要标志的现代农业发展。分歧背后反映出在中国现代农业发展道路选择中，应如何看待小农户生产？是把小农户生产作为中国农业现代化进程中的一个既定前提条件，还是应被加速消灭的对象？小农户生产与现代农业的关系是对立的、还是相容的？进一步地，在农业农村现代化进程中，是将小农户生产作为一个同质性的对象对待，还是异质性、差异化的群体对待？针对此，我们需要从基本问题出发，站在推进农业农村现代化的战略高度，深化对小农户生产的基本属性、主要特征、问题挑战等方面的研究，系统分析当前小农户生产经营所处的法律环境和政策环境，借鉴东亚经验，不断完善扶持小农户的政策体系，提出中国解决方案，向世界分享中国经验。中国社会科学院农村发展研究所作为中国"三农"问题研究的学术重镇，改革开放40年来，始终将坚持家庭承包经营的基础性地位，巩固和完善农村基本经营制度作为一个重要研究领域。2017年6月，受中央农村工作领导小组的委托，中国社会科学院农村发展研究所承接了《把小农生产引入现代农业发展轨道的路径研究》任务，组成了由苑鹏研究员任课题组组长，崔红志研究员、李人庆副研究员、曹斌副研究员、刘同山博士和陆雷副研究员等同志为课题组成员的研究团队，研究团队在反复讨论、确定研究方案、开展文献研究的基础上，历时两个多月，先后赴吉林、四川、浙江、重庆等省市的一些县市和日本新潟县、北海道等开展调研，在当地政府的支持与配合下，走村入户，调查农民合作社、龙头企业及农户的生产经营情况，并与所在县市地方政府的有关部门进行座谈，完成的研究报告受到中央农村工作领导小组的好评，认为报告内容丰富、调研深入、论证充分、理论性和针对性较强，对研究制定小农户生产扶持政策起到了重要的参考作用。为进一步深化研究，2018年初，农村发展研究所设立《小农户与现代农业发展有机衔接研究》创新工程，由苑鹏同志担任首席研究员，崔红志、杨一介、曹斌、李人庆、陆雷任执行研究员，创新团队成员扩大调研范围，在辽宁、河南、湖北、陕西、四川、重庆等地的若干县市开展实地调研，并赴韩国、日本进行考察，重庆社会科学院丁忠兵研究员参与了在重庆的调研及专题报告撰写。创新项目团队研究认为，在当前我国小农户群体已经明显分化、非农化兼业生计小农户占主体的情况下，促进小农户与现代农业有机衔接的关键是继续深化农村土地制度改革，加快新型经营主体创新步伐加速兼业生计小农户向专业化的现代小农户的转型升级。本书是在 2018 年创新工程项目《小农户与现代农业有机衔接研究》团队集体研究成果的基础上修改完成。各部分的具体分工是，第一部分，苑鹏；第二部分，崔红志、苑鹏；第三部分，杨一介；第四部分，苑鹏、丁忠兵；第五部分，曹斌；第六部分，苑鹏、崔红志。全书由苑鹏统稿。

由于作者研究水平有限，加上研究积累不够，本书存在很多缺憾和不足之处，期待学界同仁和读者朋友批评指正。

苑　鹏

2019 年 6 月 26 日于北京